灰度创新

无边界制造

林雪萍 著

电子工业出版社

Publishing House of Electronics Industry

北京 · BEIJING

内容简介

本文从制造工厂的视角，审视制造业的创新来源。工厂与外部交互所发生的创新——灰度创新，远比想象的复杂，而且生机盎然富有活力。如果放大到整个制造业来看，没有对制造土壤的固守，基础原理突破所带来的生产力将会大打折扣。中国有着肥沃的制造土壤，珍惜这些土壤和它下面的交错复杂的供应链根系，是中国制造的一条跃迁之路。

图书在版编目（CIP）数据

灰度创新：无边界制造/林雪萍著. —北京：电子工业出版社，2020.9

ISBN 978-7-121-39574-1

Ⅰ. ①灰… Ⅱ. ①林… Ⅲ. ①制造工业－研究－中国 Ⅳ. ①F426.4

中国版本图书馆 CIP 数据核字（2020）第 174123 号

责任编辑：徐 静 文字编辑：孙丽明
印 刷：北京七彩京通数码快印有限公司
装 订：北京七彩京通数码快印有限公司
出版发行：电子工业出版社
　　　　　北京市海淀区万寿路173信箱 邮编：100036
开 本：720×1000 1/16 印张：16 字数：246千字
版 次：2020年9月第1版
印 次：2023年9月第6次印刷
定 价：109.00 元

凡所购买电子工业出版社图书有缺损问题，请向购买书店调换。若书店售缺，请与本社发行部联系，联系及邮购电话：（010）88254888，88258888。

质量投诉请发邮件至zlts@phei.com.cn，盗版侵权举报请发邮件至dbqq@phei.com.cn。

本书咨询联系方式：（010）88254461，sunlm@phei.com.cn。

突如其来的新冠疫情，在全球引起了深重的灾难。制造业供应链也受到很大影响，全球制造业面临巨大的挑战。几十年来由经济全球化形成的制造专业化分工格局，受到了更加广泛的关注，也包括质疑。与此同时，数字化技术的快速发展让传统有效的支撑因素和认知逐渐被瓦解。这些现象都需要得到新的认识和确认。但毋庸置疑的是，制造现场所创造的价值正在逐渐重塑产业价值链，重新挖掘制造与创新二者之间的内在关系越发重要。

自从20世纪80年代托夫勒的《第三次浪潮》一书出版以来，产业界一直持有这样的观点：制造是一个低端环节，其中被称为"夕阳产业"的传统产业更甚。而且，似乎只有将产业放在低成本、低工资的发展中国家进行大规模生产，才可能产生有限的利润。中国制造也是在这种观点的影响下逐渐长大成为"世界工厂"。

然而，这其中有一种特殊的附加值显然是被忽略了的，那就是制造的过程中产生的创新。制造与创新二者之间的联系，从来没有像当前这样清晰地展现出来——这是中国制造在全球工业走向专业化分工进程中所展示的令人瞠目结舌的成果。中国制造的创新成果很少能以专利的形式表现出来，因此它的贡献也被大大低估了。对于制造创新，需要有一个更长的价值链周期，才能识别其中的价值。并非只有"源头创新""设计创新"等才是亮闪闪的创新；中国制造在工厂现场，通过与源头创新进行工程化结合，同样取得了闪亮的创新成就。

例如，新疆金风、苏州博众等优秀的制造企业通过在制造端产生的创新，延展了源头创新的巨大市场价值，实现了基础原理与市场应用的完美结合。这是对中国制造创新链条完善的一种探索，经过重塑甚至再造知识结晶的过程，从而为创新做出巨大的贡献。在工业发达的国家，许多初创企业尽管有着良好的源头创新，但由于制造环节的多样性和复杂性，在还没有来得及积累足够用户的时候，就可能已经夭折在创业途中。中国制造广泛而多样化的土壤则提供了孵化创新技术的大量可能。

制造企业与上下游的联合创新处在一个交叉地带，它位于企业之间的结合部。在这里，许多知识产权、操作机制并不完全清晰，无法用白纸黑字的文本完全确定清楚——事实也证明过于严谨的商业条款规定往往会限制联合创新的发生。例如，小米与飞利浦在讨论合作生产智能灯泡的时候，飞利浦准备了几十页的合同文本，过于清晰的权责约定，一度使得谈判中断。最后双方意识到只有在"灰度"的条件下，才能真正求同存异。这些合同文本最终被简化成了两页，二者通过合作顺利地打开了欧洲的照明市场。这种对不清晰的未来形成的包容合作创新，可以称之为"灰度创新"，用来解读制造商与外部机构进行联合创新时的场景。它以"制造现场"为视角，解释了一个优秀的制造商如何联合研究院所、上游供货商、下游用户等共同进行知识交流和共享，从而促进创新。灰度创新的理论表明，制造现场中大量创新的价值在重要性上并不比"源头创新"低，所投入的人力与财力资源可能是源头创新的数十倍甚至上百倍，价值不可低估。

灰度创新强调的是，其发生在一个富于创造力的结合部，无论是制造与上游设计的结合，还是制造与下游用户的结合。生产的现场、轰鸣的机器都提供了富饶的创新土壤。灰度创新当然并不是只发生在中国。每个国家的制造业中都存在着这样的大量案例。只是，在全球化专业分工越发明显的当下，中国制造业贡献了全球近三分之一的产能，这使得中国制造与各个国家之间，以及内部结合部之间所形成的灰度创新尤其显眼。

本书第一章给出了灰度创新的定义，制造从来不是孤立的，它本来就是创新的一部分。当制造处于孤立一环的时候，那就是它最为弱小的时刻。第二章和第三章，快速回顾了不同国家制造业的发展历程，以片段式场景勾勒出推动制造业发展的那些创新动力。这些努力，连同第四章所描述的产业生态，一起构成了对制造链条上各攸关方的决定性推进力量。

第五章到第七章，从企业运营的角度帮助制造企业去理解，应该如何与上游、下游建立广泛的连接关系。不是所有的供应商都是灰度创新的伙伴，也不是所有的用户都能为企业灰度创新提供创意。学会与供应商和用户进行选择性的连接，是一个企业家战略视角中不可缺失的一部分。

在第八章到第十章中，为企业家进一步落实灰度创新提供了一些实战操作中有用的法则。灰度创新的基本法则和创新失灵的机制，从正反两个角度给企业家带来了更多的启发。而知识产权的流动，在灰度创新的活动中是广泛存在和渐进式发展的。

本书涉及了许多不同的制造业企业，范围比较广，同时也借鉴了大量国外的案例。这些案例来源各自不同，许多案例参考了很多书籍，并不是一手材料。这些案例本身的细节并非最为重要，它背后所带来的思考更值得关注。希望《灰度创新》能够成为增强企业制造创新、提升研发效率、加强企业间合作的一本实用而有效的书籍。中国制造要走向中高端价值链，良好的政策设计、给力的科研院所、健全的行业组织等都是很关键的，因此，本书也希望能为产业和政策的制定者提供一些整体上的思考。

灰度创新是一种创造，但其中也蕴含大量的失败。当前正处在全球化分工出现局部挫折的形势下，许多制造方式和供应链都在重新组合，都是新事物，而灰度创新的各要素也需要恰如其分地连接。

拆除企业间的边界，走向无边界制造，探索更多的创新机制，这是一个时代需要回答的问题。而新冠疫情正在重塑供应链的形态，分布式制造或将会更加普遍。制造与创新的相伴和分离，也需要更多的关注。

林雪萍

北京联讯动力咨询公司总经理

南山工业书院发起人

2020 年 7 月 15 日于北京

目　录
Contents

第一章
Chapter 01

灰度创新的定义：
交叉结合部的创新

制造工厂在创新体系中发挥的作用，经常被忽略。人们一般倾向于认为创新的动力，主要来自设计研发或者源头创新。工厂只是被看作"将产品制造出来"的一个中间环节，缺乏创新的魅力。微笑曲线是最为典型的看法。

实际上，一个工厂在进行外部连接，跟不同的组织打交道的时候，会产生很多化学反应，不动声色地进行价值积累。

/ 第一节 /
微笑曲线是一个典型的误解

宏碁公司创始人施正荣在 1992 年为"再造宏碁"提出了微笑曲线，一直被人们广泛使用（见图 1-1）。微笑曲线表明，生产过程两端的增加值较高，而中间的增加值较低。

这是一个对电子行业全球价值链特征的描述，即模块化。例如，半导体行业可以分为 5 个模块，分别是研发和设计（熟练劳动密集型）、零部件生产（资本密集型）、组装（非熟练劳动密集型）、测试（资本密集型）和营销（熟练劳动密集型）[1]。参与者也可以被简单地分为 3 类：龙头企业和一级供应商、合同制造商（也称为电子制造服务商，包括代工厂、物流厂商等）、零部件供应商。在 20 世纪 60 年代到 70 年代，电子制造服务中的组装

【1】 对外经济贸易大学、联合国工业发展组织主编. 赵静译. 全球价值链与工业发展——来自中国、东南亚和南亚的经验 [M]. 北京：社会科学文献出版社，2019: 64.

工序、测试工序被率先转移到低工资的国家，全球化的分工由此产生。而微笑曲线的下部自此成为"低利润制造"的标志性区域段。

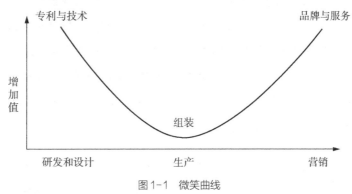

图 1-1　微笑曲线

（资料来源：UNIDO 绘制）

　　然而，这其中存在着一个巨大的假设，假设认为代工都是处于价值链的最低端，而且是低利润的。其实，微笑曲线一般是针对早期代工制造被分离的供应链形式而言的。一般讨论的所谓"低价值"的场景往往都是在第三世界国家或者发展中国家出现的。实际上，许多制造企业并没有完全分离供应链，而只是选择性地将一部分制造拿出去外包，核心的制造能力还是牢牢把握在企业自己手中的，且这部分核心业务往往利润丰厚。全球化的制造外包使工业发达国家的企业可以到人工成本低的国家去办厂，从而出现了采用廉价劳动力的代工厂，但这只是其中的一种模式。在欧美一些国家的本土，代工厂获得的相对利益值其实并不算低。制造企业做得好，有的时候并不是因为其基础研究做得好，而是因为在制造技术方面有所突破。

　　对品牌商而言，拥有先进制造技术的代工制造企业也能带来产品的增值。例如，当年苹果公司并不掌握解决屏幕问题的相关技术，在意识到富士康公司的制造技术可以胜任苹果公司产品的生产之后，就将富士康公司的制造方法一并列入开发计划中，并将富士康公司的人员也集成到研发制造团队中。经过10多年的发展，如今富士康公司与以前已大为不同，由于其制造技术价值和人因工程的进化，在精密电子装配行业已有越来越深的积淀。这是一种相互驱动的方式在发挥作用。再例如，发动机关键零部件和子系统供应商德国戴姆勒奔驰旗下的MTU公司，在为通用（GE）公司设计新零部件的时候，凭借制造技术的优势提出采用烧结工艺制备聚晶金刚石刀具的先进方法，而报价甚至比GE原本设想的还要低。这样的制造创新技术无疑能够帮助上游企业更好地发展。

当然，在这其中知识产权的界限也很清楚。例如，日本有不同的企业在供应航空发动机的材料和零部件，基于利益关系，经双方协商，日本供应商会根据发动机主机厂的要求研发相关的零部件、材料等，而且拥有发动机部分相对独立的知识产权。

制造工厂由于在制造方面的优势，使整个价值链的合作变成了合则共赢、散则共伤的关系，谁也离不开谁。制造厂、主机厂和产品设计绑定在一起，利益共享，类似富士康与苹果、MTU与GE的关系。当然，除了富士康，苹果也能找其他代工厂合作，但富士康短期内还是有能力保证可以跟苹果合作共赢的。其实，富士康要打造自己的品牌也很容易，而之所以选择不这样做只是代工厂的一种策略选择，并非因为本身不具备相应的能力。

随着中国制造竞争力的不断提升，拥有核心制造技术的企业正在承揽这种全凭手中金刚钻的"瓷器活儿"。山东豪迈集团的轮胎模具制造能力很强，年产可以达到两万套[1]，其拥有的轮胎模具电火花加工工艺可以加工钢质和铝质的轮胎模具花纹；同时该企业还掌握了雕刻工艺和精密铸造工艺，这是全球同行业少有的能够同时熟练掌握三大加工工艺的企业。虽然

【1】 豪迈官方主页 http://www.himile.com/tie.aspx.

这家公司凭技术可以服务于全球四五十个轮胎厂，为其提供模具，但是仍然不能任意抬高价格。上游厂商担心被一家企业垄断供应，因此也经常会采用不断找替代厂家进行生产的策略，从而对供货商进行价格把控。

这样的例子不胜枚举。再例如，铝合金车轮制造企业中信戴卡，其整个产线的自动化程度高、压铸能力强，已成为世界著名品牌。该企业在扩大规模以后，很多小的竞争对手已被其远远甩在后面，主机厂也很难去找其他替代厂家。中信戴卡的议价能力可能会有所提高，但还是会因考虑到平衡的问题而不轻易提价。

当前，中国制造正处于升级换代的进程中，许多以代工为主的产业也要往更高端的方向发展。以往在很多外资办的工厂中，设备、技术统统都是外方的，外资工厂中只用中国劳工。但现在，随着越来越多像中信戴卡、万丰轮毂这类工厂的发展，企业逐渐有了自主研发能力，对技术改造和技术升级的需求越来越高。因此，企业与科研院所的结合有了更好的条件。同时，企业也可以通过制造现场的制造改进与工艺提升，刺激源头创新，释放科研院所的能力。这意味着，制造现场的创新价值同样值得关注。

/ 第二节 /
创新驱动人见人爱，企业家是创新的主体

"创新"似乎已经成为一种人人向往的神奇魔法，它被应用在所有希望出现改变的地方。它是如此普遍，以至于人们经常会忽略这本来是一个

引进的概念。因此，确定它原本的含义是很有必要的。在国际上，科学基础研究的成果属于"发现"（Discovery），技术进步则往往属于"发明"（Invention），而只有进入了企业的体系，形成研发、生产、经营管理的成果，才会被称为"创新"（Innovation）。创新是有使用价值的创造，因此，可以简单地概括为有商业价值的成果才能归到"创新"的范畴[1]。

美国国家工程院院长 Dan Mote 采用了奇妙的孩子视角来解释这一区别，"发现"是把东西从外部拿进脑子里，而"发明"则是把东西从脑子里拿出去。"发现"是原则，"发明"是工具，而"创新"是有价值的创造，前两者都可以促进创新[2]。

创新有很多种类型，基础研究和发明所带来的源头推动始终被视为创新的主要驱动力。但是，这并不包括全部的创新，因为创新经常会以其他的方式发生[3]。《德国制造业创新之谜：传统企业如何以非研发创新塑造持续竞争力》一书的作者认为企业是社会系统的一部分，如果系统设置合理，企业会具有先天性的创新优势。企业完全可以通过与其他组织（供应商、竞争对手和客户等）的交互或与非营利组织、机构的相互合作而实现创新[4]。

创新的最有启发性的定义也是最简单的定义"创造新价值"，这个价值是在用户端可以感受到的。只有将一个创意或一种理论最终商业化，才能算得上是真正的创新成果。这个简单明了的定义也暗示了一定是企业家作为主体在承担着创新的任务。科学家的工作侧重"发现"，探索一切世界

【1】 魏志强，王玲玲. 寻找中国制造隐形冠军——嘉兴卷[M]. 北京：人民出版社，2017: 4.
【2】 Roberta Ness 著. 赵军，安敏译. 创造力危机：重塑科学以释放潜能[M]. 北京：科学出版社，2019: 13.
【3】 Oliver Som, Eva Kirner 著. 工业4.0研究院译. 德国制造业创新之谜：传统企业如何以非研发创新塑造持续竞争力[M]. 北京：人民邮电出版社，2016: 141.
【4】 Oliver Som, Eva Kirner 著. 工业4.0研究院译. 德国制造业创新之谜：传统企业如何以非研发创新塑造持续竞争力[M]. 北京：人民邮电出版社，2016: 142.

的本源和那些对人类施展了障眼法的规律；发明家的工作重点是"创造出来"，这些一般都不会考虑市场价值，与创新还有些距离。

唯有企业家的本质定义是"创造价值"，企业家需要为用户获得价值和满足感而负责。在"创造"这一漫漫黑隧道里面的接力赛中，无数角色里负责举着一束火把通关的那类人，正是企业家。他们是举着火把可以看见光线的人。然而隧道之外，则是对此一无所知的用户。如果用户拥抱了火把，创新成功；如果他们忽略了它，创新宣告失败。企业家不是因为举着火把通关而变得荣耀，而是用户市场接受的态度决定了企业家的成败。毫无疑问，用户市场对企业创新冷脸相对的时刻要远远多于盛情欢迎的时刻。很多企业家都会以冷场甚至失败而告终，这是创新的两面性。尽管如此，却有相当多的人在不断地尝试它。而消费者正在变得越来越挑剔，再加上移动互联网和物联网的发展，消费者比历史上任何一个时期都拥有对创新成果更多的知情权和参与权。例如，在非洲大卖的传音手机，尽管在中国这样一个超级手机大国中几乎难寻踪影，但在非洲却成为引领潮流的大品牌。四卡四待、黑脸高光等这些手机功能，在其他地区也许是不值一提的，但在非洲却是神来之笔，因为其迎合了当地市场的需求。

这些创新的成果有时候与基础理论、技术或者发明都没有直接的因果关系。按照美国自然科学基金委员会的观点，如果把全流程的研发—产出想象成一条通道，那么上游是基础研究的发现和理论成果，中游是将这些研究在新产品和新加工方法上的应用，而下游的产出阶段则是为了提升市场价值而进行的改造[1]。在人类群体分工的岗位中，一个人的角色身份可以有一种也可以有多种，如科学家、发明家、学者，而只有企业家始终承担着创新的使命。

【1】 Roberta Ness 著. 赵军，安敏译. 创造力危机[M]. 北京：科学出版社，2019: 12.

/ 第三节 /
制造创新那些不痛快的伴侣

制造业并不是创新的"闺蜜",也不是风险资金的"宠儿"。美国麻省理工学院的创新经济生产委员会发现,在1997年到2008年期间,接受麻省理工学院的技术许可而创办的制造业企业共有150家。其中,有60%的企业最后保持了独立的身份(未被并购或破产解散)。到了2012年,在50多家创办超过10年的独立企业中,只有13家达到了1000万美元的营业收入[1]。经过10年耕耘,独立企业的营业收入仍然这么低,制造业企业发展的艰难程度可见一斑。

在一个平滑的创新管道中,企业应该是从上一个科研院所中接过创新的火种,并且让它燃烧成燎原之火。然而,一个制造业最常见的"死亡之谷"让这个百里挑一的火种难有一存。

在基础研究与应用开发之间,经常被认为存在着一段"死亡之谷"。"死亡之谷"的两侧分别由政府资助的研究部门和企业自发的市场研发部门所把守,二者都有着成熟的激励体系。

然而,与很多人的想象大相径庭的是,这个"死亡之谷"并非天然形成的。这一段路其实并没有看上去的那么可怕,它只是因为缺少一座桥梁

【1】 Suzanne Berger 著 . 廖丽华译 . 重塑制造业[M]. 杭州 : 浙江教育出版社 , 2018 : 80.

而处于无人照管的局面。在这段路上，既不像前端的基础研究伴随有学术文章、教授头衔这样的"鲜花和掌声"，又不像后端那里有商业应用研究的"黄金屋"在等候，这注定是一段出力不讨好的地带，没有评估体系，没有欢呼声和追随者，是一段孤独而冷清的路。"死亡之谷"并非荒无人烟，这里只是缺乏激励机制。

随着信息产业的发展，尤其是借助于半导体行业中摩尔定律的神奇牵引，"死亡之谷"看上去很容易跨越。信息软件和互联网企业只要做好商业模式的创新和用户体验的升级，就可以产生足够的市场价值和创造力。然而，当前也有些观点认为，信息技术并未在创新的基础上取得惊人的突破。

对制造业而言，从前期基础研究到后期商品的转化，这段路程显得有些过于漫长。可以判断的是，科技转化已经进入了高原地带，因为低处容易摘的果子，已经在20世纪得到了集体性的收割。例如，航空发动机技术仍然是基于五六十年前的引擎技术的突破；而如今的进展，则主要是体现在材料上的突破。

要想解决这样的问题，建立组织机构之间的合作研究是一条思路。这往往是靠非国有单位来从事科研项目。德国的弗劳恩霍夫研究所、美国的巴特尔纪念研究所[1]都是这方面的著名机构。让科研成果得到商业化的技术转让，是另外一种被寄予厚望的路径。这种进行转化的既有技术或知识一般通过科研合作、技术转让或创办公司来实现。

然而技术转化往往是一件很复杂的事情，其中涉及商业合同、法律、专业技能等。

【1】 Georges Haour, Max von Zedtwitz著. 许佳译. 从中国制造到中国创造：中国如何成为全球创新者[M]. 北京：中信出版社，2017: 99.

对于制造创新而言，这是一次漫长的接力赛，由企业家完成最后的使命。任何一个环节发生了掉棒，都会导致创新的失败。

风险投资也是不可忽视的重要支撑。风险投资支持的创业模式越普遍，创新的机会也就会越多。

/第四节/
灰度创新是制造结合部的联合创新

浩瀚的工业史见证了大量的创新发生在生产过程以外的体系中，并推动了工业一代又一代的发展。这其中，有一种创新是由制造工厂与上游、下游企业联合完成的。这种围绕着制造业结合部而产生的创新，可以称之为"灰度创新"。

它意味着，一个制造企业需要通过知识交换，不断地与它的外部组织相互结合，最终发展成为创新共同体。

灰度创新是一个关于产业链联合创新的理论，它探讨了制造企业如何对外进行联合创新。灰度创新同样带来很大的影响。制造企业在工厂现场与外部结合形成的巨大创新力往往无法以专利的形式表现出来，很多人并不知晓这些创新，因此它的贡献也被大大低估。实际上，这其实是企业家创新的一块重要阵地。

从微笑曲线的价值演化来看，灰度创新是结合部的创新。它不是发生在企业内部，而是发生在企业之间、组织之间，甚至扩展到整个产业链的相互协同与组合（见图1-2）。

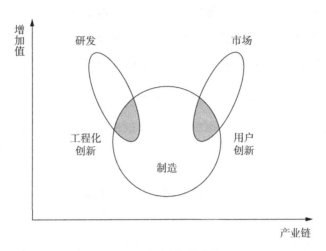

图1-2　灰度创新的曲线

灰度创新的发生处属于交叉地带，是企业之间的结合部，呈现灰度特征。这是一个富于创造力的结合部，无论是制造与上游设计的结合，还是制造与下游用户的结合，生产的现场、轰鸣的机器都为创新提供了肥沃的土壤。

这里作为结合部的制造创新，既有源头研发创新、正向设计，也有用户迭代的反向推进。

灰度创新属于创新银河星系中一颗不太闪亮的恒星。它不像源头创新那么光彩照人，而是呈现出"灰度"的隐蔽性和低感知度，因此也不太引人注意。这也导致了中国制造的真正价值可能被学术界严重低估。

随着全球专业化分工的发展，产品各个生命周期的阶段被划分得越来越细。很多部门之间开始出现裂缝，员工也变得越来越埋头于局部工作，从而可能就会形成一种系统性的缺陷。例如，工程师所做的设计可能被直接扔给了制造部门。而制造部门，也可以用细节无法制造的理由而把设计方案扔回去，从而造成了严重的设计浪费。技术工程化不足会导致创新链条断裂。这势必会困扰许多产业的工程师和管理人员，其背后的原因，并不单单是分工的问题，而是这种切割会忽视灰度创新的价值。

中国制造的崛起并非仅仅是因为低价劳动力，也并非只是劳动力贡献较大而创新不足。实际上，中国在"万里现场、万国机器"的实践中通过对接"微笑曲线"的两头做出了巨大贡献。

灰度创新是产业链条上的联合创新。对于不同的产业，灰度创新的强度是不同的。即使是在同一个产业链条上，不同供应链（也就是主导型企业所形成的不同供应商关系）其灰度创新的强度和能力也不同。

灰度创新一般包括几个相互接龙的企业或者组织。例如，灰度创新包括组织Ⅰ、制造企业Ⅱ和企业用户Ⅲ（见图1-3）。这些企业、组织之间的关系也可以进一步拓展形成"变形兔耳朵"，这个时候，就会形成无边界制造的联合，凝聚N个企业创新力量的总和。这是一种基于供应链链条上的力量重塑，会呈现与传统创新模式完全不同的特点。例如，华为公司的灰度创新链条与苹果公司的灰度创新链条也会有所不同，虽然它们可能与同一家供应商合作。

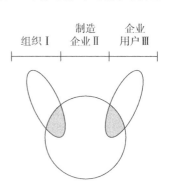

图1-3　灰度创新的企业联合

通过比较可以发现，不同产业的灰度创新强度存在着差异。而寻找一个产业中诸多平行链条（不同企业形成的）上的灰度创新之王，成为非常有意义的事情——寻找产业链条上的冠军。链条合力是未来制造的最大竞争力。只有企业之间联合组团，才会形成最大的合力。

　　灰度创新强调不同企业之间的联合创新，着眼于制造和产品设计或材料应用的结合部位，这也是发展的大趋势。即使从代工发展的角度来看，用现有的制造技术去反推源头创新，吸收用户反馈的信息，也能沿着传统的制造代工向更高的价值曲线上游发展。在材料、设计、制造愈发走向一体化（未必一定要在同一个企业发生）的今天，这也成为各种创新模式中的重要选项。这意味着，外包或代工制造商的价值定位也需要重新挖掘。

/ 第五节 /
开放式创新与灰度创新的区别

　　2003 年，美国加州大学伯克利分校的亨利·切萨布鲁夫教授出版的《开放式创新：创新方法论文新语境》一书中，阐述了组织和管理研发工作的新范式，得到了业界广泛的呼应。开放式创新描述了一种现象，就是企业一方面积极向外获取技术来源，另一方面也不断向外转化内部不再使用的技术。2006 年，亨利将开放式创新定义为"运用有意识的知识流入和流出加速内部创新，同时扩大创新的外部使用市场"[1]。而在2013年这个概念被进一步完善。这表明，一个有生命力的概念是不断进化的结果。这个概念从本质上为企业的创新来源增加了一个基于"分散式知识、分布式流

【1】 Henny Chesbrough 等编著. 鄢喜林译. 开放式创新：创新方法论之新语境[M]. 上海：复旦大学出版社, 2016: 4.

程"的卓越视角，它是一个组织创新体系的良好补充。

相对而言，灰度创新更加聚焦于从制造工厂的视角来看待制造业如何与不同组织通过知识交换而形成全新的价值。生产工厂，作为制造业的根基，是企业与外部形成联合创新的桥梁，企业家则是桥梁设计师。远离用户、远离供应商的制造创新都是不可想象的，灰度创新发生在结合部（见图1-4）。

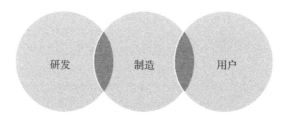

图1-4　灰度创新发生在结合部

灰度创新致力于打开制造业，与外部形成知识交换、共同获取价值。

因此，灰度创新格外关注双方合作的知识分享机制。一般而言，一个制造企业的创新机制可以理解成一个"知识黑盒子"，企业的核心技术、运行方式，对于外部组织都是相对封闭的。而灰度创新则为"知识黑盒子"打开了半扇窗口，使其转变为"知识灰盒子"，让知识呈现一个双方共有的半明半暗的状态。这种"知识灰盒子"是灰度创新得以定义为"灰度"的一个关键性特征。

对于两个组织之间的连接，如果说开放式创新就像握手机制一样相对松散，那么灰度创新则像两个铁片之间采用铆钉连接一样结实：知识分享机制就是这其中的连接铆钉。

与开放式创新一样，灰度创新也是一种敦促企业避免发生"知识衰退"[1]的外部刺激。在一个组织里，知识的丢失是很常见的现象。人员更迭、大量文档的淹没和相互覆盖、选择性学习等原因，会造成一个企业在某些知识领域的"无意识"遗忘。在工厂现场，有大量的知识技能都是通过言传身教形成的，这个大课堂就发生在机器旁边。一旦老技师退休，或者生产线进化，就会出现工厂现场的技能不足。而通过与外部的连接可以形成一种交叉唤醒的效应，从而激发企业知识系统的效率。正如打开久闭的窗户会带来新鲜空气一样，灰度创新的"异物嵌入"，会起到一种激发创新新氛围的作用。

灰度创新尽管是一个全新提出的概念，但它描述的现象却是一直存在的。只是随着制造业的全球化分工发展，设计与制造的流程在日益复杂的同时，也呈现出细化的专业分工，这使灰度创新呈现出一种更加积极大胆的局面。

/ 第六节 /
灰度创新的价值去向

专利是体现创新的一个重要指标，但对于灰度创新而言似乎是个例外。灰度创新并不以专利的形式作为知识表达的对象。而在生产现场来自不同组织的工程师相互碰撞、临场发挥，往往是灰度创新最重要的产生和表达方式。

【1】 James G. March 著. 丁丹译. 经验的疆界[M]. 北京: 东方出版社, 2017: 112.

德国西蒙教授在《隐形冠军》这本书中提到，一种创新只有被应用于市场才可以被称为是有意义的创新。专利是一个指示器，能够测量出创新的科研成果，但却不能测量出创新的经济成果。

有专利资产并不代表就有创新。2009年加拿大技术巨人北电网络陡然破产。爱立信以11.3亿美元买下码分多址（CDMA）和长期演进（LTE）资产；2011年7月，北电网络的6000项专利被苹果、微软、爱立信等组成的财团以45亿美元收购。很显然，专利并不能左右市场竞争的胜负，市场竞争的成败还受到诸多条件的影响。

2012年，中国全年向国外企业支付约180亿美元的专利费，而中国的专利收入只有10亿美元，年度专利许可方面有170亿美元的进出口贸易逆差[1]。在当时，全世界每年技术许可权交易额超过1000亿美元[2]。如果加上中国国内的技术许可费，中国的技术许可费在世界占比将超过20%。这个巨大的需求既意味着中国知识经济和创新能力的崛起，也表明了全球知识资源在中国得到了充分的使用，从而极大地提升了全球技术的活跃度。

2017年，中国企业向国外企业支付的知识产权使用费更是达到280多亿美元[3]，逆差超过了200亿美元；而到了2018年，中国企业向国外企业支付的知识产权使用费已达到358亿美元，其中向美国支付的知识产权使用费高达86.4亿美元，也就是说，将近四分之一的费用交给了美国。中国的专利进出口贸易逆差，则达到了302亿美元[4]。

【1】 Georges Haour, Max von Zedtwitz著. 许佳译. 从中国制造到中国创造：中国如何成为全球创新者[M]. 北京：中信出版社, 2017: 36.
【2】 Henny Chesbrough等编著. 扈喜林译. 开放式创新：创新方法论之新语境[M]. 上海：复旦大学出版社, 2016: 244.
【3】 人民网 http://world.people.com.cn/n1/2018/0929/c1002-30320072.html.
【4】 商务部官方网站 http://interview.mofcom.gov.cn/detail/201906/ff80808168990542016b1c36b9160134.html.

然而，在巨大的专利进出口贸易逆差面前，应该对中国制造有更清晰的研究，对制造环节中灰度创新的贡献进行正确的认识。由于大量创新发生在结合部，它往往以双方约定的方式，"静悄悄"地进入制造的现场，成为工厂里那些喧鸣机器背后的秘密。在中国的制造现场，存在着大量的创新，但是很多技术并没有转化为专利。这些场合产生的创新，一旦被描述出来，经常迅速地被模仿。因此，很多企业并不愿意披露这些创新内容。那么这些灰度创新的价值，到底去向何处？

这背后，是一个供应链超级节点的诞生。

中国从 2010 年开始成为全球第一制造大国，2018 年，中国制造业占全球比重超过四分之一。规模增长的同时，中国在全球供应链中的地位也在逐步提高，目前中国已经成为全球货物贸易第一大国，2018 年货物进出口额为 4.6 万亿美元，占全球份额的 11.8%。无论是需求端还是供给端，中国已经成为全球生产和消费供应链中不可缺少的一部分。

这意味着，中国制造远远不是"世界工厂"那么简单，而是成为世界供应链的中心枢纽，大量中间产品从这里发出。根据 2019 年麦肯锡的报告估计，中国中间产品贸易占到全球的三分之二。许多国外的工厂，都需要依靠中国的原材料、零部件。这也意味着，即使成品在韩国生产，或者在越南组装，零部件依然深深依赖于中国。

实际上，中国供应链已经形成了独具特色的深层网状结构，漫长的产业链条在这里留有多个不同的节点，从而形成了颇具护城河效应的供应链结网效应。即使有东南亚的制造转移，或者发达国家的制造业回流，这种深层网状结构都使得中国供应链的网络优势一时半会儿很难消失。这其中灰度创新的贡献功不可没。正是企业结合节点上的知识交换，以及专利的深度嵌入，使得中国制造通过过去几十年的发展，稳固地成为全球供应链网络中的超级节点。

灰度创新具有加固节点结合部位的属性，也能起到完善供应链的作用。

第二章

Chapter 02

制造创新的国家土壤

制造创新需要一种土壤，制造业发展的一开始国家就需要扮演十分重要的角色。当私营企业缺乏创新活力的时候，仅仅提供基础设施、建立释放市场力量的政策是远远不够的。建立一种针对性很强的激励方式并发起一场全国性的倡议与行动成为一种常见的选择。例如，新加坡和日本都发起了全国运动，以此来改变人们的价值观。对人们的思想和精神面貌的改进是一场精神革命，进而可以提高国民素质。

新加坡很早就把提高生产率提上日程，1964年创立了生产力管理处，1967年将其升级为国家生产力中心，1972年进一步升级为国家生产力局。1981年新加坡发起了生产运动，引入了很多项目，国民参与度很高，甚至连出租车司机都开始谈论生产力。新加坡把蜜蜂作为吉祥物，把11月作为生产力月，新加坡总理还连续7年发表关于生产力的讲话。1983—1990年，日本协助新加坡实现了第一次大规模生产力提升之后，强烈的政治意愿和持续的推进政策使新加坡成为一个非常有竞争力的高生产率国家。到20世纪90年代初期，新加坡已经可以向东亚、非洲和东欧的发展中国家传授提高生产力的经验。

曾经，日本劳动生产率只有美国工人的一半。随着内部激励和晋升机制文化的引入，日本工人后来成为全球最有效率的工人[1]群落之一。

最近几年也能看到美国的变化。在2019年5月美国国家三院（工程院、医学院、科学院）的联席论坛上发布的关于美国制造创新研究院的报告中[2]，有些美国专家提出强化关于"研发和生产的同地办公对美国工业竞争力的重要性"的观点。

【1】 大野健一著. 陈经伟译. 学会工业化：从给予式增长到价值创造[M]. 北京：中信出版社，2015.

【2】 美国国家三院. Revisiting the Manufacturing USA Institutes: Proceedings of a Workshop (2019)
[R]. 美国，2019: 10.

当一个生态体系的内在动能不足的时候，引入制造创新体系，会成为一个国家的发展战略之一。

/ 第一节 /
德国从早期的染料革命到现在的工业4.0

最早发明染料的是英国和法国，最后却是在德国形成了大规模染料产业，并以此为开端衍生出化学工业和精细化工。这背后正是科学研究与制造相结合的问题。

以生产炸药发家的美国杜邦公司的创始人，在移民美国之前对化学产生浓厚兴趣，正是受到法国大革命时期的权臣拉瓦锡的熏陶。可以说拉瓦锡建立了世界上第一个工业实验室，这个官办机构在戾气严重的大革命时期受到了巨大冲击。领头人拉瓦锡固然是一位出色的科学家，但也是一位政治家，在当时法国波浪轮回式的相互碾压中被吞噬。

有意思的是，同样的情况也发生在通过和平改制实现"不流血革命"的英国。科研经费长期以来依赖于家族遗产、贵族和有钱人的捐赠，这种制度上的障碍使英国科学界存在着与生产相脱离的传统[1]。

科研如果过于远离制造就会对经济产生损伤。英国科学界对实业的看法及科学界与实践的脱离，是后来被德国在化学和电气工业反追的一个重

【1】 赵克. 工业实验室的社会运行[M]. 上海：复旦大学出版社，2008: 128.

要因素【1】。因为这两个行业最能体现制造现场与基础科学研究相结合所产生的巨大价值，德国150年的工业强国史，就足以证明这一点。

早在1856年，年纪轻轻的英国人威廉·铂金（Perkin）就提炼出一种化合物，可以让丝绸快速地被染成艳丽的紫色。铂金的父亲和哥哥对他鼎力相助，建立了染料工厂。建厂的第二年，随着染料产品受到丝绸厂商的追捧，有机染料工业正式诞生。已经发展了近两个世纪的纺织业终于可以告别单一色彩，迎来靓丽的时刻。然而这种染料专利在法国却被宣布无效，这让法国一时间成为染料有机化合物仿冒商的乐园。在1862年的伦敦万国博览会上，参展的29家染料公司中有9家来自主办方英国，12家来自法国【2】，这是当时国家实力的真实写照。

在1870年以前，德国有许多重要的化学家都到英国去工作。这个时候的有机染料工业，染料的配方都掌握在老师傅手中，而染料生产流程几乎都是模仿英国和法国的陈旧工艺。随着1871年普法战争的结束，分裂割据的德国各邦统一成为德意志帝国之后，国家进入了和平稳定时期。随后10年，德国的企业家开始对工厂进行大规模投资，并聘请了管理团队来协调复杂的技术工艺。随着更大规模的市场被激活，先锋灯塔的光芒越来越虚弱，德国企业找到了自己的方式，那就是科学家与制造业更加紧密的结合。大量的德国化学家包括巴斯夫公司的海因里·卡罗等人，也从法国、英国带着自己的经验回到德国。德国染料工业正式进入了"告别秘方"的时代。其中最活跃的企业当属巴斯夫、赫斯特和拜耳公司，同样是由英国海归派所创立的爱克发公司也因为请到了从英国归来的霍夫曼，跃居为德国第四大染料生产商【3】。美国人Buderi在*Engines of Tomorrow*一书中写到，

【1】 赵克. 工业实验室的社会运行[M]. 上海: 复旦大学出版社, 2008: 125.
【2】 Robert Buderi著. 盛逢时译. 企业研究院[M]. 北京: 中信出版社, 2003: 28.
【3】 Robert Buderi著. 盛逢时译. 企业研究院[M]. 北京: 中信出版社, 2003: 33.

德国染料业的收入从 1862 年的 754 万马克增加到 1883 年的 9200 万马克，占世界染料业总额的三分之二。这背后是科学研究的发展，而德国制造彻底激活了科学研究，规模经济开始诞生。

这个例子非常生动地说明了制造与科学研究的紧密关系。实际上，德国制造业企业与专家教授和大学院所都保持着密切的联系。例如，当时巴斯夫和赫斯特染料公司都与著名的化学家、诺贝尔奖获得者阿道夫·贝耶尔保持着密切联系。拜耳公司的科学家也在大学与企业之间频繁往返。

再往后，应用研究与制造业、教授与企业家之间的紧密联系成为德国制造业中的关键一环。为大家所熟悉的德国弗劳恩霍夫应用研究促进协会作为一个填平基础研究与商业应用之间峡谷的中间机构在其间发挥了巨大的作用。基础研究和商业应用这两个组织的结合部位，自 1949 年以来就像一直不肯停歇的活火山，创新的岩浆随时都在涌动，能量爆发随时都有可能发生。

如果将聚光灯置于当下，同样可以看到，德国是如何通过各种组织之间的联合，实现一个像工业 4.0 这种复杂的国家工业战略的落地。

德国成立的工业 4.0 平台是"工业数字化"数字生态系统的中心枢纽，来自 150 多个组织的 350 多名利益相关者参与平台的工作。它的核心是各个工作组通过各领域专家的协同、中小企业的支持，以及组织开展国际合作等将各种专业知识汇聚在一起。

它采用了一种扁平的上下贯通机制：从顶层的工业 4.0 平台，到中间的标准化委员会，再到面向企业的实验室网络。这是一个上下互通的三角形贯通机制（见图 2-1）。

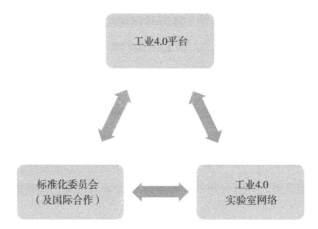

图2-1　三角形贯通机制

工业4.0共有六个工作组，其中第一工作组主要是制定参考架构、标准和规范。

2016年4月，在柏林成立了德国工业4.0标准化委员会（SCI 4.0）。其目标是协调国际标准组织，负责与各类相关国际组织进行对标和连接，从而最终建立德国自己的工业4.0技术路线图和标准架构。这个组织的最大特点就是跨领域，它很好地将机械、电气和信息技术领域相结合，因此受到了广泛的欢迎。对待不同的国家战略，SCI 4.0有条不紊地与中国智能制造、美国工业互联网联盟、日本工业价值链促进会，以及法国、意大利、澳大利亚等国家的相关机构都建立了合作机制。

工业4.0实验室网络负责落实标准的测试、实验和反馈。这是一个面向企业、面向落地的应用型组织。它试图把德国工业4.0所有能达成的共识，用实践和落地的方式传递给德国中小企业。

有了三角形贯通机制中三者的分工，工业4.0可以在各个层面上轻松对接。这样既能推动德国企业的相互联系，又极大地促进了国际交流。目前，德国工业4.0已经跟中国、美国、日本、澳大利亚、法国和意大利等国家建立了双边关系。中德两国于2015年5月成立了中德智能制造/工业4.0标准化工作组，在参考模型互认、信息安全和功能安全、工业网络与边缘计算、案例、预测性维护、人工智能应用，以及工业4.0组件、管理壳、数字孪生等方面开展合作交流。

可以说，德国正在试图构建一个面向工业4.0的顶层治理结构和面向企业的行动组织，这为德国制造走向下一个制高点，提供了一个良好的生态体系。

数字工业所需的劳动力是一个重要问题，工业4.0平台在2017年专门推出了人才指南，许多企业也纷纷推出相应的工业4.0人才培训手册。

安全也是德国工业4.0的话题之一，早在2016年发布的《工业4.0安全指南》中就给出了保障安全性的一些基本原则。例如，减少部件，设计可靠的组件和模块；检测机制需要设计早期预警和控制方式；建造时需要设计出受攻击后的恢复体系。赛博安全也是德国工业4.0关注的重点。另外，数据主权是许多企业关心的重点。为了提供理想的数据安全框架，在德国联邦教育与研究部的资助下，弗劳恩霍夫应用研究促进协会于2016年1月启动了"工业数据空间IDS"计划。这是面向工业大数据的旗舰项目，由协会旗下的12个研究所共同承担研发任务，目的在于凝聚各方的研发力量解决工业4.0数据共享的重大难题，如位于慕尼黑的弗劳恩霍夫应用集成信息安全研究所负责提供工业4.0跨领域数据可信任共享和信息安全等。同时，还创建了一个非营利组织——工业数据空间协会，初始成员有42家，包括蒂森克虏伯、博世、舍弗勒、大众等企业，每个成员需要实现一种商业驱动用户案例。

工业的进步其实也是逐步发展的，技术进步的创新体系，也是需要仔细勾画和设计的。

/ 第二节 /
美国制造创新的大时代变迁

1. 工程师引领的时代

美国铝罐公司ACC、陶氏化学、柯达、胜家Singer缝纫机、西屋电气甚至通用电气（GE）等企业几乎都是在19世纪末靠机械技艺和创造力建立起来的企业王国。19世纪的最后30年被称为"英雄"创新时代，爱迪生、莫尔斯、贝尔等发明家都成为了企业家，但他们之中很多人并没有大学文凭。那个时候，美国的科研力量无法与欧洲国家相媲美。早期美国的繁荣还不是因为其科学教育与研究[1]。

当时GE公司的钨丝灯泡很快就会熄灭，钨丝也烧得粉碎。1909年，刚刚加入GE研究院的兰米尔开创性地抛开了对钨丝本身的研究，转向对灯丝附近的气体活动进行研究。在1912年兰米尔取得了突破性的进展，新一代加氮灯泡——"光神"钨丝白炽灯取得了惊人的进展，这为他个人赢得诺贝尔奖奠定了基础。GE研究院也因此进入了世界一流企业研究中心的系列。至此，GE研究院也终于变成了GE的"魔法屋"。但与拜耳公司的"集体发

【1】 Robert Buderi著. 盛逢时译. 企业研究院[M]. 北京：中信出版社，2003: 44.

明家"不同，GE公司仍然依靠的是个人英雄主义[1]。

同样，挤在小破屋、天天冥思苦想要造车的工程师福特则几乎重新定义了汽车生产的方式，也定义了人类规模制造的全新方式。1914年，高地公园大规模生产制造的流水线将生产效率一举推向用分钟级来度量——人类从来未能将如此复杂的产品以如此高效的方式进行生产。钢铁从这边进，汽车从生产线的另一端源源不断地驶出。然而流水线只是一个表象，它背后隐藏了大量的现场创新和科技创新的结合。电力在被发明几十年后，终于可以进入工厂为每一台机器配备独立电源，给机器供电了。在此之前，机器都是靠中心动力源（如蒸汽机等）通过皮带和齿轮进行动力传输，机器只能围着动力转。机器巨人被捆绑着运行的时代，已经彻底翻篇了。这一次，随着电气化与机械化的双重组合，机器的体力被激活；而下一次机器的灵魂被唤醒，则可能还要等到100多年后的今天——"数据原油"的出现，这是一个工业互联网和智能制造的时代，我们将再次看到机器的全新魔力。

在随后的胭脂河工厂的10万机器中，福特已经可以使用流水线、电力、机器构建全新生态了。

第二次工业革命何以确立？

福特的大规模生产方式不仅是技术自身的进步，还有各种组织管理的改善。尽管靠矩阵品牌和事业部而异军突起的美国通用汽车、靠精益管理而后来居上的日本丰田汽车都各显神通，但福特的伟大之处在于，它为大规模生产的产品找到了一批蜂拥而至的新买家。福特坚持工人高工资，制造业催生了大量的中产阶级，这是第二次工业革命在美国最突出的现象。

【1】 Robert Buderi著. 盛逢时译. 企业研究院[M]. 北京: 中信出版社, 2003: 56.

2. 基础研究院的时代

科学基础研究和科技成果都可以成为创新的源泉和力量。那么，科学和技术的距离有多远？如果说德国的工业主要是靠拜耳、西门子等公司的独立发明家与企业家的努力和贡献的话，那么1900年前后美国工业崛起的时候，科学和技术之间的距离就要远得多[1]。那个时候的美国制造还处于模仿的阶段。但后来星罗棋布、快速崛起的美国企业和中央基础研究院改变了这种局面。这个时代工业企业的巨头往往都自行带着基础研究、应用研究、开发（Development）的三级火箭筒，扶摇直上。从源头到制造，创新一气呵成。一直到20世纪80年代，大企业的中央基础研究部门开始帮助其他企业崛起，并走向全球市场，美国的源头创新在这个阶段发挥了重要的作用。

在实际的运行过程中，应用研究与开发的界限并不一定划得很清楚，同样在应用研究与基础研究之间也存在着大量的交叉地带，在交叉地带存在着大量模糊的边界，这二者有时也会被笼统地称为基础研究。然而，区分两种不同的研究，有一定的管理指导意义。应用研究就像是一个不守时的浮动桥梁，不确定性太大，它不定期出现，而且只能将有限的乘客从上游基础研究转移到下游的产品开发。因此，区分应用研究与基础研究的不同特性（如管理方式的差异），并且确定它所在的位置（被什么样的组织所拥有），对需要判断创新源的企业领导人是至关重要的。

美国大企业的研究院往往在基础研究与应用研究之间游荡。在20世纪上半叶以基础研究为主，基础研究为产品创新奠定了基础。基础研究的鼎盛时期是在20世纪六七十年代，那个时候的标志性学科就是物理科学和化学科学，而机械科学已经呈现出动力不足的现象。

【1】 Robert Buderi 著 . 盛逢时译 . 企业研究院 [M]. 北京 : 中信出版社 , 2003: 43.

　　而在20世纪80年代前后，基础研究开始转头向下，大量基础研究学科被迫下马，应用研究开始加强。而二者整体的研究经费，也是集体下调。在这种背景下，让企业的研究院与企业的各个事业部更加亲密地肩并肩合作成为主流的做法。大企业的研究院也在极力地迎合"让发明落地、让创新发芽"的潮流，而极力跟"大学式研究"撇开距离。为什么一个企业中央研究院的基础研究，要跟麻省理工、哈佛等大学去竞争呢？这种想法代表了当时企业中央研究院最典型的看法。因此，对于一个企业中央研究院而言，应该摒弃20世纪上半叶的那种纯基础研究的老式做法，转而将应用研究和基础研究同步进行。

　　与此相对应的是，美国的制造业正开始出现国际化分工的倾向，美国贸易在1971年第一次出现逆差[1]，当年进口商品额为460亿美元，而出口额仅为430多亿美元。这终结了美国自1895年以来76年贸易顺差的历史。

　　管理哲学的变化也是使美国本土制造走向衰落的一个重要推手。在20世纪80年代，"核心竞争力"开始成为最流行的管理学概念，轻资产型企业成为华尔街的青睐。垂直一体化的制造模式越来越不被华尔街看好，大量制造被外移。戴尔电脑就在这个时候脱颖而出，成为"时代宠儿"。而这一类制造业几乎不需要进行基础研究，也不需要美国本土高昂的生产工厂。

　　逐渐地，"股东至上"原则开始成为企业家的共识。成立于1972年的"商业圆桌会议"作为一个美国业界领袖聚会的组织，从1978年开始定期发布一些关于公司治理原则的声明。从1997年起，该组织发布的每份声明文件都赞同"股东至上"的原则，即公司的首要任务就是让股东受益，并

【1】 Vaclav Smil著，李凤海．刘寅龙译．美国制造：国家繁荣为什么离不开制造业[M]．北京：机械工业出版社，2015：108．

实现利润最大化[1]。

在这种重视利润回报的大背景下，工业企业研究院中的基础研究自然会受到挤压，这种现象一直延续至今。

企业集团级的高管态度几乎都是一致的，要么就不设立研究院，要么就是在研究院的研究方向上施加了商业化转化的压力。惠普公司（HP）的研究院设立时间相对较晚，它是在公司成立近30年之后才设立的。然而，它一开始就采用了"应用研究实验室"这样旗帜鲜明的定位。尽管研究院采用100%总公司拨款的方式，但它的目标非常简单实用，这也让HP收获颇丰。《企业研究院》一书认为，HP在2000年左右的时候，80%的产品都来自HP应用研究实验室（以下简称实验室）的研究成果。曾经的一位实验室主任的话最能代表HP实验室的风格——"我们来这里不是为了获得诺贝尔奖或者图灵奖，让自己的研究成果进入市场并让公司盈利才是对我们最高的奖赏"。

时过境迁，在21世纪前后，美国大型企业的研究院都呈现衰落的局面。基础研究正在从优选清单中被逐渐后移甚至剔除掉，需要靠企业与国家大学实验室的联盟才能继续进行基础研究；而企业中央研究院与各个事业部之间通过合约合作的应用研究正在成为主流。在中国，制造商也在谨慎地推进这种模式。美的集团的研究院以各种流体力学、固体力学、传热技术等为研究对象，基本上兼顾了未来1～5年的技术，并且也在考量5年以上的前沿性技术的研究；而它的各个事业部的开发部门则以当前产品为重，覆盖近半年到未来3年范畴的产品开发。

【1】 华尔街的良知觉醒：美国近200位CEO齐发声，一个美好的社会比股东利益更重要[EB/OL].
[20190819]. https://mp.weixin.qq.com/s/zO4AL-fTby85rQM5B_Mlhw.

一般而言，有些技术研究的前提是能够确定其可以在未来为公司培养出 10 亿元级甚至上百亿元级的产品。这种压力应该说是相当大的，也有很多失败的案例。其实早在 20 世纪最后一两年 HP 就开始积极提倡信息家电，甚至已经推出数码终端的产品，那都是"泛在计算"的一部分，它甚至为家用电器提供了信息存储和操作的界面，HP 实验室还研制了一种类似网络服务器的产品 Heehaw（万物皆有网页）。然而，这样的想法出现得太早了，HP 并未从信息家电中获得盈利。

这个产品最终的实现依赖于 20 年后无处不在的物联网和便宜的传感器，尤其是消费者已经适应了智能手机的操作之后，HP 当年的信息家电的概念才真正成为市场的主流。先是海尔集团率先确认了物联网战略的主导位置，它将所有的电器都定义为"网器"，打开了家电与人交互的全新视角；而在 2019 年，华为用一种"智慧大屏"的方式，外加物联网操作系统"鸿蒙"，才使 HP 所谓的"信息家电"开始真正站到了统治客厅的中央位置。

未能为主营业务增砖添瓦的还有 HP 实验室的测量研究方向。HP 实验室在 1991 年的时候，就勾画了测量、通信和计算（MCC）三大研究方向，他们坚信这三者有着强烈的耦合关系。尽管在测量与生物医疗分析方面的研究都有所进展，但这似乎偏离了 HP 所钟爱的信息技术方向。1998年，在主营业务增长乏力之后，HP 毅然决定进行战略重组，将测量和仪器部门独立出去，一个全新的测量与生物分析公司"安捷伦"诞生了。而 HP 实验室的 MCC 规划和"最好的工业实验室"之梦也基本告一段落。具有讽刺意味的是，以前并不愿意进行合作的测量部门和计算机集团反而开始走到一起，联合进行研发和创新。这真是一个不可思议的故事。

然而从 20 世纪 80 年代开始，另一种创新模式出现了。数码相机、有源矩阵显示器这些产品是美国发明的,却没有在美国获得商业成功[1],而在日本,电子工业却突飞猛进。美国在制造现场中的创造似乎出现了一些顿滞。

3. 对美国式管道创新的反思和纠正

可以说,美国是一个源头创新非常繁荣的国家。它的创新一直采用了一种"管道模式"。它的基本思路是只需要抓好基础研究,加大基础研究投资,源头创新就会自然而然地产生。并且它可以向后提供技术供给,最后由企业家作为变革者"自行抓取",这样就可以完成突破性技术的转化,实现创新,从而引领美国制造业成为全球翘楚。

作为兼顾国防工业和民用品共同发展的重要部门,美国国防部一直在推进一种"扩展管道"的模式,关注不同成熟度等级技术的推进成效,尽量在基础研究、应用研究和商业化的接缝处塞上黏结剂。这种围绕着制造技术的横向联合加快了灰度创新的产生。

随着美国对"去工业化"的反思,大量学者开始推动美国对生产本身进行深刻的思考。进入21世纪第2个10年,在大量围绕创新和制造业创新的智库报告不断公开之后,奥巴马在任时期美国出台了"美国先进制造伙伴"计划。这个计划的"伙伴"二字,表达了一种在合作和连接中寻找创新的想法。而后,美国制造创新网络 [制造业USA(Manufacturing USA)的前身] 应运而生。

美国国家制造创新研究院"制造业USA",期望为行业发展提供一系列的共性技术 [美国称之为前竞争技术(Pre-competition)]。

20世纪80年代中期,日本和韩国在半导体行业奋起直追。为了扭转美

【1】 W. 爱德华·戴明著. 钟汉清译. 转危为安[M]. 北京:机械工业出版社,2016.

国半导体落后的局面，美国国防部牵头在1984年发起SEMATECH项目，5年共支持了制造企业50亿美元。各个企业联合派骨干参加，IBM公司提供了一家8寸晶圆厂，放到SEMATECH项目中做基础支撑。要想发挥产业联盟中"盟主"的作用，必须有"诱饵资源"才能吸引大家参与，这个晶圆厂就起到了凝聚的作用。

SEMATECH项目是一个各企业通过灰度创新进行合作的例子，作为一种跨大中小企业、政府和大学的公私合作项目，它有力地推动了美国半导体行业重新走向成功。

相对于制造现场的创新，美国似乎更重视基础研究。制造创新一般都交给工程行业去主导[1]。然而生产与创新是相互联系的，这导致了美国灰度创新的减少，而美国制造创新研究院正在试图扭转这个势头。例如，美国集成光电子制造研究院（AIM Photonics，以下简称AIM）的首席策略师Andrew Bowd强调了该研究院在提供基础设施、设计和知识产权转让方面的作用。他认为，教会工程师和科学家去制造轻型装置对于推动技术扩散非常重要。AIM把国防承包商、中型国内代工企业等联系在一起，让他们都可以使用AIM自己的半导体制造厂、封装设施和知识产权[2]。

事实上，与AIM一样，所有的美国制造创新研究院都支持类似的计划，力图创建一个知识可以在工人、企业和学术界之间进行转移的生态系统。

【1】 William B. Bonvillian, Peter L. Singer 著. 沈开艳等译. 先进制造：美国的新创新政策[M]. 上海：上海社会科学院出版社, 2019: 47.
【2】 美国国家院三院. Revisiting the Manufacturing USA Institutes: Proceedings of a Workshop (2019)[R].美国, 2019: 24.

4. 制造业分工促进灰度创新的发展

随着全球化的发展，各大企业纷纷开始分离非核心业务，而制造环节被作为利润率不高的价值单元首当其冲地成为最主要的被削减部门，制造环节先是被剥离，然后被外包。在这一段时间内美国制造企业呈现了大量的剥离，功能范围逐渐缩小。

这一"简化瘦身"过程最大的影响就是垂直一体化生产模式被打破，只有GE、宝洁等公司还在大量采用垂直一体化的生产模式。例如，宝洁大量的帮宝适产品还是在美国本土制造，而耐克、苹果等都采用了非常激进的外包模式；在半导体行业，英特尔是极少数保持了整合元件制造商（IDM，Integrated Device Manufacturing）的一体化模式的企业之一。除了英特尔和三星坚持IDM，其他芯片企业一般都将晶圆制造外包。连中央处理器领域的千年老二，一直在挑战英特尔领先地位的AMD半导体公司在坚持了许多年之后，也在2009年放弃了自己的晶圆制造部门，成立了独立的格罗方德晶圆代工企业。这种外包也成就了一个巨大的市场。根据CINNO的调查报告，2018年全球晶圆代工市场规模达642亿美元，这也造就了独占市场份额一半以上的台积电这样的晶圆代工之王。

这可能是人类历史上最具震撼性的一次制造业分工，如此复杂的电子制造业却能实现制造流程拆分。庞大的机器被无数精密的齿轮严丝合缝地咬合在一起。

垂直一体化的制造体系被瓦解之后，制造业环节上的分工不再是简单的切割，在企业价值链条上形成了相互融合、相互依存的知识闭环。知识共享、工艺秘诀分担已经成为不可避免的常态。这背后，灰度创新找到了肥沃的土壤。

/ 第三节 /
日本推动创造性的合作研究

一个产业的崛起需要多方组织连续接力，才可能将一套科研成果最终转化成行业成熟应用的技术，在特殊场合甚至可以一举奠定一个国家产业的领先基础。

尽管日本被认为是一个"小政府、大企业"的国家，但日本政府对于产业的引领和"干预"一直不曾收手。可以说，日本也是一个非常擅长做产业政策规划的国家，在半导体行业、汽车行业、机床行业等无不如此。

为了追赶美国半导体的发展，日本启动了大规模的超大规模集成电路（VLSI，Very Large Scale Integration）发展计划。这是日本政府激励和组织企业开展创造性的合作研究活动最早的例子，常常被作为日本技术政策的成功范例。这一计划开始于1976年3月，历时4年。这一时期正是日本半导体产业飞速发展的时期。当时半导体的竞争焦点都集中在随机存取存储器（RAM，Random Access Memory）方面。1978年到1981年，日本16KB RAM产品占到国际市场份额的40%；而到1982年年底，日本的第一代超大规模集成电路的64KB RAM产品则已经占到国际市场份额的66%。可以说，VLSI计划对日本半导体在世界市场取得领先地位做出了巨大的贡献。这种政府激励和企业协同的产业政策模式也引起了美国产业界的惊恐。在不断丧失市场的情况下，美国人"以牙还牙"，采用了跟日本几乎相同的政策，才在随后10年夺回阵地。然而不可否认的是，日本半导体的崛起VLSI计划功不可没，而且从VLSI计划中直接诞生了三菱、NEC、富士通、日立、东芝等5家半导体产业巨头。

同样地，日本碳纤维产业的崛起也为大规模的灰度创新提供了一个令人惊叹的样本，日本碳纤维产业产学研线条清晰，参与方表现突出。1959年起步，日本在碳纤维领域仅仅用了20年的时间，就成为这个领域的强国，并且牢牢守住了这个阵地。而同样的时间，也正是中国碳纤维起步发展的尝试阶段，因屡次突破受阻，导致中国的碳纤维产业一直游离在市场之外。直到多年以后，这种僵局才被中国的民营企业逐渐打破。

日本在当下的碳纤维领域有世界上最大的制造商，能够满足全球70%的需求[1]。

那么，日本如何完成了一个不可能的使命：高性能碳纤维产业从零起步，发展到强势的霸主地位[2]？

碳纤维的发展需要从碳丝的故事说起。碳丝曾经被用于电灯泡，但进展一直也不太顺利，爱迪生在使用了镍、铂、铂铱合金等1600种不同的耐热材料后，最后又回到了碳丝。那是电力时代最有魅力的产品，电灯泡自身就是电力时代最好的广告。爱迪生的个人英雄形象就此彻底留在了闪亮的创新世界，光耀至今。20多年后，1904年灯泡的碳丝被钨丝彻底替代，从此沉寂一时。

到了1950年，碳丝的应用被重新提上日程。生产灯泡线束的美国联合

【1】 http://www.jeccomposites.com/events/jec-asia-2017/jec-asia-business-review/issue-4/carbon-fiber-japan-success-story.

【2】 周宏. 高性能纤维产业技术发展研究[M], 北京：国防工业出版社，2018: 83.

碳公司（UCC），在"二战"后又重新捡起了这个几乎被遗忘的材料。因为碳的熔点很高，要达到4000℃才会熔化，因此无法将其熔纺成纤维，只能采用碳化有机纤维的方式来制备碳纤维，这种用于碳化的有机纤维被称为碳纤维的前驱体。1958年，UCC发明了当时很有前景的人造丝基的碳纤维，但碳转化率也只有20%，离大规模的商业化应用仍然遥不可及。

在日本通产省（如今经产省）的大阪国家工业研究所（GIRIO）的研究人员发现了美国人放弃的机会。1959年，一条美国联合碳公司关于碳纤维最新进展的消息激发了日本的近藤昭男博士的斗志。他迅速行动起来，从商店收集了各种纺织物的布头进行实验，终于从杜邦公司的一种聚丙烯腈纤维（PAN基）中找到潜在候选物，这是最早发现的PAN基碳纤维，碳转化率可达50%～60%，这基本上奠定了碳纤维产业化的基础。

1959年9月，近藤昭男博士提交了PAN基碳纤维制备工艺的专利申请。这是他正式加入大阪工业所第一碳材料研究室的第7年。这7年间，他几乎是在"不知所以"中度过的，从事过各种高密度碳制品的研究。然而在这一刹那，他突然找到了合适的方向，多年的积累一朝用上。不得不说，这也是研究者的幸运。

这样一个划时代的专利并没有立刻获得鲜花和掌声。而是随着碳纤维的逐渐商业化，近藤昭男的个人英雄形象才被逐渐强化。1977年，近藤昭男被授予日本化学会技术开发奖，日本政府给予了四级褒彰。1996年，日本政府重新授予他四级瑞宝勋章。又过了20年，授予他日本技术与经济协会会长特别奖。这一次又一次的奖励彰显了在日本碳纤维的强国地位背后个人英雄主义的力量。而个人英雄主义的诞生需要有温润的土壤。日本的大阪工业所（已于1993年更名为大阪国立研究所）就提供了一个供研究者自由自在进行尝试的场所。

大阪工业所非常重视创新研究、知识产权保护和专利转让。当时基础研究的氛围非常自由，科学家可以依照兴趣自由选择课题，也允许有潜力的实用技术申请专利。

在开发PAN基碳纤维时，大阪工业所还没有正式实现商业化，许可证或技术转让政策还不完备，它整体的目标是通过研发来促进工业技术的发展。彼时，许多日本公司开始建立自己的研究实验室，并试图利用大阪工业所提供的自由和非正式的信息交流渠道获得新产品和新想法。而这种随意的技术转让氛围使大阪工业所的许多研究都朝着商业化的方向发展。

1958年，大阪工业研究所新任所长强调知识产权的权利，大力鼓励个人研发的政策，也明显增多了该所的专利申请数量。几年之后，大阪工业所甚至专门成立了技术咨询办公室，负责与企业合作开展技术转让。

当时，大阪工业所的科研项目分为普通和重点两类，这两类科研项目的资助额相差较大。在1959年5月近藤昭男开始着手研究碳纤维的时候，该项目还是一个普通项目。但该项目后来迅速被归为重点项目，很快，近藤昭男组建了10多人的研究团队。而到了9月，制备碳纤维的工艺已经基本有了眉目。这离不开大阪工业所多年来的基础工作和完备的人才积累。自成立以来，碳制品一直是大阪工业所研发活动的支柱之一。"二战"后不久，它的碳研究与开发集中在提高碳产品密度和为核反应堆生产碳材料上。

宽松的学术研究环境和开放性地支撑行业成为日本产业界迅速崛起的重要力量。

在申请了PAN基碳纤维的专利之后，大阪工业所有两种选择，一种是自己成立商业公司，自行进行转化，另一种是对企业进行授权，实行联合创新。

　　近藤昭男选择了后者。其实这并不是孤例，在当时，通过与已经成立的公司签订许可协议来转移技术，以此刺激日本经济，一直都被认为是更好的选择。只有这样，基础研究才能尽快转化为具有现实应用价值的产品。

　　企业技术人员开始加入大阪工业所的队伍中来，一起进行合作转化，寻找PAN基碳纤维技术的产业化之路。当时的东海电极公司和日本碳素公司都有丰富的碳材料生产经验。1959年，在获得了大阪工业所的非排他性授权之后，二者纷纷投入资金开始进入这个市场。

　　看到苗头、研发突破、专利申请、授权、企业加入开发，这些事件以闪电般的速度向前推进，全部都发生在同一年。1959年，是PAN基碳纤维最值得铭记的里程碑式的一年。这不仅仅是个人英雄主义的胜利，更是技术授权与转让的创新转化的胜利。

　　有了专利授权整个产业才有了希望的种子。而研究所与企业的联合研发则使共性技术有了用武之地。

　　然而，产业却开了一个大玩笑。对于东海电极公司和日本碳素公司，他们冒险进入PAN基碳纤维领域之后的发展并没有像他们所希望的那样立即成功。直到1968年东海电极才开始商业化生产，1969年日本碳素公司月产500公斤碳纤维的中试装置才投产。虽然这两家公司都有丰富的碳纤维生产经验，但它们都不具备生产PAN基碳纤维纺纱的能力，而这是生产碳纤维必不可少的条件。

　　在得到近藤昭男的消息之后，日本最大的化纤工业企业东丽也开始瞄准这块市场。东丽在1961年建立了小型试验装置，开辟了一个新的碳纤维研究和制造设施，进行寻找PAN基碳纤维的前驱体纤维的探索。

值得纪念的是，东丽在1961年进军第四代碳纤维，而东丽基础实验室也在这一年正式开张。东丽的董事长期望这个实验室可以在聚焦在未来20年的课题研究基础上，鼓励企业科学家走出自由发挥、独立科研之路。

然而，产业之路并不顺利，跟另外两家先驱企业一样，东丽的路也不平坦。一个新的蓝海在进入视野之前，对于所有的开拓者都是同样的苛刻。1967年，英国的罗罗发动机首次透露，准备把增强型碳纤维材料用于制造喷气式发动机的风扇叶片上。然而这款充满高科技的发动机花费巨大，开发周期被严重拉长，而测试结果却不尽人意。洛克希德·马丁公司随后取消了300台该发动机的订单，投入巨资的罗罗公司血本无归，只能宣布破产，被英国收为国有。自此，罗罗公司也剥离并彻底放弃了碳纤维业务，英国的碳纤维业务昙花一现。同样，美国杜邦和德国巴斯夫等企业也曾经想要开发碳纤维，但因为亏损的缘故都没有坚持下来。

好在日本东丽在新单体和共聚工艺上取得了一些意外的突破。发展碳纤维就像是创立新菜谱，既要找到合适的食材，还要找到合适的蒸锅。经过多年积累，东丽终于在基础聚合物研究和设备制备工艺上取得了双重突破。尽管找到了前驱体的合适材料，但要制备PAN基碳纤维的碳化技术仍然需要近藤昭男的专利授权。

那时，备受挫折的东丽的商业计划仍然是要成为全球领先的PAN基碳纤维制造公司。为了做到这一点，东丽决定放弃单打独斗。1970年，东丽做出了一个复杂的技术组合战略，三箭齐发。一是终于做出了一个迟到的决定，获得了大阪工业所近藤昭男博士的专利授权，开发改进PAN基碳纤维产品；二是与另外两家正陷入泥潭的公司（东海碳素公司和日本碳素公司）达成了一项协议，在该协议中，这两家公司打算把PAN基碳纤维商业化的额外研发成果出售给东丽，以换取特许权使用费，东丽相当于并购了东海碳素公司和日本碳素公司探索10年的技术；三是与美国联合碳公司（UCC）合作，实现交叉授权制造能力。

只有企业家具有卓越的眼光及坚定的信念才可能完成这样的战略调整。而碳纤维技术则是一棒接力一棒，从研究所交到了企业家的手中。企业家变成毋庸置疑的创新舵手。

第二年，东丽月产1吨碳纤维的中试线开始运转。商业化的大门已经缓缓开启。一个科学家、一份专利、一家院所、三四家顶级公司的研发投入，终于使碳纤维在专利发布12年之后走向商业化的正轨。

高强度碳纤维的市场在哪里？这是一个带着"高科技"光环的新生儿的尴尬。碳纤维的制备成本高昂，这使得它的应用只能定位在军方用户。然而军队的用量完全达不到降低成本的规模，可以说这是军用技术民用化的常见困境。

技术引领市场，市场激活技术，这是一个交叉启发的过程。例如，在2010年彻底颠覆手机产业的革命性产品苹果iPhone 4，采用玻璃屏的技术改变了以往使用塑料壳的历史。该应用把这项已经沉淀了16年的玻璃盖板屏幕技术重新激活，也带动了整个玻璃加工设备的市场。

因此，东丽必须弄清楚如何将该产品转化为具有更广泛的商业应用的产品，它在防弹背心、钓鱼线、系泊绳、手套等领域做了各种尝试，但这些都无法形成足够大的用量。

这一切在1972年10月发生了变化，当时来自美国的职业高尔夫球运动员赢得了当时日本最负盛名的高尔夫球锦标赛。媒体广泛报道，该冠军赢得大赛的秘诀是他使用了特殊的碳纤维高尔夫球杆，而这个球杆是由美国初创企业Aldia制造的。

这一事件带来了PAN基碳纤维产品的繁荣。东丽在1973年发起了PAN基碳纤维高尔夫球杆制造计划。高尔夫球杆变成碳纤维的黄金市场，一举获得成功。随后钓鱼竿等休闲与体育用品领域陆续被激活，成为迅速放大的下游市场。高强度碳纤维突然有了广泛的用武之地，东丽公司每月5吨的产能已满负荷。而到了1974年年底，东丽每月的产能提升至13吨，东丽已将产品线扩展到其他运动设备，如网球拍和钓鱼竿等。

PAN基碳纤维市场变得炙手可热。而东丽则牢牢地确立了作为世界领先的优质PAN基碳纤维供应商的地位。

1976年，最大的黑马市场出现了，这次是飞机。

1973年的石油危机导致美国石油价格暴涨，全面改变了美国工业的面貌。多年来一直苦苦"围攻"美国汽车市场的日本节能车，一夜之间成为抢手货。航空领域也发生了重要变化。美国航空航天局（NASA，National Aeronautics and Space Administration）牵头制定了著名的飞机节能计划（ACEE，Aircraft Energy Efficiency），前后执行了10年，美国国内各大飞机公司几乎全部参加，计划降低飞机重量以应对原油价格的不断上涨。这项飞机节能计划采用了东丽的高强碳纤维T300。在1982年，波音757、波音767和空中客车A310使用了T300部件进行首航。而哥伦比亚号航天飞机使用T300作为货运门，成功发射升空[1]。乘胜追击的东丽在美国建立了复合材料公司，主要为波音777商用机生产预浸料。

从20世纪90年代开始，高强度碳纤维成为飞机的重要构成材料。东丽

【1】 http://www.torayca.com/en/aboutus/abo_002.html.

的高强中模T800S碳纤维已经成为空客A380的主要受力构件。而在2004年，东丽又与波音公司签订了合同，为波音787提供排他性的东丽品牌的预浸料。2011年，梦幻飞机787开始运营，它的碳纤维复合材料占比惊人地达到了飞机结构重量的50％。

如今，无论是特斯拉，还是太空探索技术公司SpaceX，其背后作支撑的正是东丽提供的碳纤维材料。而在氢燃料电池领域，日本可不是只有丰田、日产这些汽车制造商在往前冲，尾随其后的还有三菱、东丽等碳纤维生产商，它们的碳纤维增强复合材料（CFRP）为氢瓶提供可靠的材料保障，它们最新俘获的行业粉丝正是美国IV型氢瓶生产商Hexagon Lincoln等。

这是一个产业链条的整体发展，"链条"上每个节点各司其职。这是一个标准的国家齿轮运转，精准传递，各自到位。这是一次特殊的专用赛道，考验一个民族制造的传递性。没有良好的合作精神和健康运转的机制，火种无法成为熊熊大火。

日本标准组织步步紧跟，半步都没有落下。自1975年开始，日本就开始了PAN基碳纤维技术的标准化研究与相关标准的制订。1980年，日本颁布实施了碳纤维性能检测方法标准，既为PAN基碳纤维批量生产和应用搭建了技术准则，又控制了技术发展和市场竞争的主动权，大大提升了日本碳纤维产业界的竞争力。而1977年，日本碳纤维讨论小组本来是作为碳纤维制造商的工业团体成立的，在1988年，该讨论小组扩大并更名为日本碳纤维制造商协会（已于2014年7月并入日本化纤协会）。

日本政府积极营造出一种和平、奋进的社会环境，鼓励基础研究与产业应用相结合，实施"产学官"等创新政策，引导全社会为经济复苏做贡献。东丽则一直在承担政府的项目。2003年以来，政府科技项目"全球变暖技术"和"可持续性材料"计划使东丽可以研究如何将CFRP大规模应用在汽车零部件上。2009年，东丽在汽车底盘前底板的技术方面获得了巨大的成就。

2019年4月，《纺织导报》文章表明，日本政府在"能源基本计划""经济成长战略大纲""京都议定书"等多项政策中，指出高性能碳纤维是重点关注领域。日本政府内阁经产省和日本新能源产业技术综合开发机构（NEDO）都全力扶持。实际上，日本一直增大扶持力度，力保碳纤维的领先地位不动摇。自2007年日本将"纤维领域"纳入技术战略地图以来，2008—2012年，NEDO一直在进行可持续超级复合材料的可加工性技术开发。2013年，以碳纤维为重点的新兴材料项目再次升级，预计10年内投入429亿日元，以实现运输工具的轻量化。

除了这些中央政府的政策和财政支持外，近年来日本地方区域政府也加紧了传统纺织产业的转型。转型方向正是碳纤维。日本北方地区的石川县和福井县有很多与纺织产业相关的企业和团体，是日本屈指可数的纺织产业集群。石川县政府通过大型研究开发资助，持续提供各种基金项目，大力鼓励纺织产业向碳纤维复合材料转型。通过引进碳纤维这一项新技术，努力实现产业的升级转换。2015年，福井县的两家公司与县外大型企业共同开发的碳纤维复合材料产品被作为航空发动机零部件，成为全日本的焦点新闻。日本碳纤维的功臣近藤昭男博士在2016年发表的文章中，高度赞扬了日本政府在促进碳纤维技术进步和产业发展中发挥的作用。

回顾日本碳纤维60年的发展史，就像是观看一部剧情片。在一个高科技创新的市场，个人英雄主义的光辉是要得到高度保护的；研发共性技术的院所成为容纳英雄主义的殿堂；不拘一格的技术转让机制，成为制造创新的最好摇篮；永远相信企业家精神，由企业家将创新最终转化为商品；市场可以进行设计和培育，它会引起技术的爆发；军民两用的关键在于军方是否真能让出一块市场；而政府则需要包容机制来推动"产学官"的"产"字当头。

如果转向中国台湾，这里也有一个灰度创新的小插曲。在 20 世纪 80 年代，自行车领头羊巨大集团（生产捷安特品牌），打算将碳纤维技术引入自行车行业。这种想法在当时是很疯狂的，自行车行业几乎没有人听说过这项技术。而日本最大的碳纤维生产商东丽，也因为没有自行车制造技术，放弃了开发碳纤维自行车架的计划 [1]。把发丝一样粗细的碳纤维制成自行车架，这个重任就落在了巨大集团和中国台湾工业技术研究院（简称工研院）材料研究所的头上。二者从 1985 年开始联合研发，两年后才开发出商品。但第一批货 1000 多辆自行车运到了美国却发现产品存在质量问题，只能悉数收回。当着所有员工的面，这些单价几千美元的昂贵的碳纤维新车被挖掘机全部销毁埋入地下。而巨大集团跟工研院的合作仍然选择继续进行下去。这种对灰度创新过程中出现的失败风险的宽容，只有企业家精神才能承受和担当。到了 2000 年，专业开发碳纤维车架的巨瀚科技子公司成立，标志着中国台湾生产的自行车进入了稳定的成熟期。

【1】 刘金标口述，尤子彦著 . 没有唯一，哪来第一 [M]. 北京 : 中信出版社，2016: 68.

第三章

Chapter 03

中国灰度创新：制造崛起

中国制造崛起真的就是靠劳动力红利吗？微笑曲线是不是中国制造的全部真相？

国外学者Jonas Nahm在研究中国制造崛起的时候，认为丰富的劳动力、低生产成本只能是部分原因，更重要的是这三种因素：反向设计、与国外设计相结合的生产提升、跨区域的企业网络协同[1]。然而，它强调的仍然是普通的供应链供给，而忽略了"结合""协同"所发生的令人震惊的创新举措。可以说，工艺创新与制造业之间的联系才是中国制造崛起的秘诀。

这个过程中既有学习消化的部分，也有吸收创新的部分。多组织之间的相互学习、相互借鉴并加以发挥的灰度创新起了巨大的作用。中国的灰度创新是整合了速度、产量、成本的平衡，并在规模生产上发挥到了极致。这是一个研发与制造、制造与制造、制造与用户相互结合的复杂体。

/第一节/
走向卓越制造的路径

从缺乏原创的山寨模仿走向创新的常态化，从逆向工程走向不断深入的基础研究，从而最终走向更高级的工业化，这是一条走向制造强国的常见之路。美国、德国在早期发展阶段都模仿了昔日大英帝国强大的制造业，从而开启了工业立国的进程。然而，秩序和规则往往遵循了时间霸权

【1】 William B. Bonvillian, Peter L. Singer著. 沈开艳等译. 先进制造：美国的新创新政策[M]. 上海：上海社会科学院出版社，2019: 69.

主义的特点，先行者对后来的模仿者，通常充满了歧视、非议和阻拦。但如果纵观历史上各个工业强国从弱到强的过程，模仿就像是人类成长过程中的一种阶段性青春期偏头疼，这个病是完全可以被治愈的。

当前令人羡慕的"德国制造"（Made In Germany）的标签，最早其实是英国强加给德国的一种侮辱性的标记，用来表明这种制造是一种低劣货。然而德国制造后发制人，硬是将一个歧视性的区域性标签，逆转成一个全球性的质量保证。这背后的故事，从德国优势产业之一——化学工业就能看出德国工业发展的过程。德国工业的发展主要从染料所代表的化学工业开始。然而在染料业刚刚起步的头10年中，十几家从事染料生产经营的公司都是依靠模仿法国或英国的染料生产流程进行生产的。德国最早的染料工业都把持在所谓的"配方大师"手里，他们不会轻易把秘密配方说出来。而企业只能听从这些配方大师指挥，毫无办法。将这些炼丹术般的化学工业带入现代化工体系的是那些优秀的德国科学家兼工程师。他们启动了世界上最早的真正意义上的企业实验室，广泛地在实验室内进行各种染料配色的研究，并进入了基础研究的环节。科学地把握基础研究的进展使德国摆脱了英国和法国那些秘密配方的束缚，率先开创了现代化学工业。德国工业也走出了模仿的"青春期"，开始了制造强国的征程。

中国制造进入国际化始于改革开放初期，并在2001年加入世界贸易组织（WTO）之后发扬光大。从最开始的来料加工、图纸加工，到后来随着制造工艺和技术的提高、零部件供应网络的日益完善，在一段时期内发展出了大规模的模仿制造体系。手机就是最明显的例子。1992年开始生产的波导手机，从简单组装起步，自2000年开始连续6年蝉联国内手机销量冠军，成为率先打败诺基亚、摩托罗拉等国外品牌的国产手机。虽然波导最后因为缺乏研发而迅速衰落，当然摩托罗拉、诺基亚等昔日的手机巨头后来也同样沉沦，但它的崛起却是一个标志性事件，它创造了一种将产品快速上市的方式和通道。"快速上市 + 超级宣传"的波导制造模式，虽然宛如天空中的烟火，闪亮璀璨却划空即逝，但它深刻地影响了中国制造后续的发展。

波导消声匿迹，但它的火种却散落四处。从波导出来的高管团队重新创建了面向欧洲市场的传音手机公司。这个品牌在中国几乎无人知晓，因为它几乎就没有在国内市场销售，所有产品销售都是出口。传音手机避开了竞争激烈的国内及美欧日市场，于2008年开始专攻少有人关注的非洲市场，2018年的销售额达到了226亿元[1]。在大量出货的手机中，大部分产品是"功能机"。即使是在国内已经淘汰了的品类，在非洲依然有非常大的市场。传音手机对于用户的把握超过了许多人的想象。

不亲临非洲，就不会知道非洲人民曾经对普通手机拍出来的照片有多不满。大部分手机拍摄都通过面部进行识别，对于肤色较深的人种很容易照得脸部一团黑。而传音特别成立了工作小组，开发黑肤色用户的美肌模式，主要用于对照片进行脸部轮廓、曝光补偿、成像效果的分析。传音手机放弃了面部识别，而是先进行眼睛和牙齿的定位，在此基础上加强曝光，从而找到了最合适的曝光度。当多数品牌还在进行硬件规格方面的竞争时，传音手机早已把焦点放在消费者体验上。

一机四卡是传音手机最为经典的创举。据称非洲大陆的运营商超过一千个，运营商的服务范围并不大，且这些运营商提供的号码之间不能相互通话。因此，传音发明了一个手机多张卡的功能，来解决不同运营商间的通信问题。而四卡四待成为传音"懂得用户"的经典。

传音手机并不是一个孤立事件。这是中国制造"四处开花"的案例之

【1】 https://baijiahao.baidu.com/s?id=1629579044107591862&wfr=spider&for=pc.

一。国内四大手机品牌"OVHM"（OPPO、vivo、华为、小米）也开始杀入国际市场。随着小米进军埃及，OPPO进军肯尼亚、巴基斯坦，华为也在非洲逐渐加大铺货力度。少为人所知的手机品牌如IVIO和GSL也分别在印度尼西亚和马来西亚获得了很好的发展。

在国内，华为依靠扎实的通信技术功底，已经牢牢地占据了手机的高端和中端市场。曾经在中国智能手机市场雄剧首位的三星手机，其2019年占中国市场的份额已经不足1%。

尽管还有诸多芯片模块组等问题需要解决，但中国的手机制造业已经走出了山寨制造的时光隧道，在5G时代开始引领全球的风潮。从1990年到2020年，从按键手机到智能手机的转变彻底地改变了人类的生活。这是一个非常有代表性的行业，在30年左右的时间里，中国的手机制造业以手机组装起步，从模拟信号机的模仿到5G时代的引领，大跨步地实现了制造创新的腾飞。

电子产业是中国制造发展的一个标准的缩影。在很多不同行业，都能找到许多这样的案例。这样的缩影背后是全球化分工带来的创新机遇。

/ 第二节 /
全球化分工：灰度创新的贡献

在20世纪80年代至90年代，一种全球化分工的运行机制出现了。华尔街对于更大利润的追求推动了企业家对于"轻资产运营"的迷恋。一个企业聚焦于核心竞争力，在当时被看作是头等重要的大事。大量与核心能力无关的业务开始被外包，并在全球产业链条中寻找最佳的分工机制。中国作为一个勤劳、务实的国家，很快就成为全球分工的理想合作伙伴。随着2001年中国加入WTO，中国的生产热情和劳动力市场的潜力被充分地释放出来，"全球设计＋中国制造"，成为一种屡试不爽的跨国公司的合作模式。

灰度创新迈出了国际合作的最大门槛。日本、韩国当年在东南亚的扩张也都采用"本国设计＋东南亚制造"的模式，对助力本地经济腾飞起到了巨大的作用，也产生了许多灰度创新。但是，所有这些加起来都不如中国制造表现得那么突出。然而，要认可中国制造在这其中的贡献却并不容易。

美国一直对"源头创新"备加推崇，认为这才是一个国家应该去推动的事情。实际上，这也是自"二战"以来一直主宰美国的一种重要的科技创新思维。学者Vannevar Bush被认为是创造了美国创新的"管道模式"的奠基性人物，早在罗斯福时代他对政府便有着深刻影响。"管道模式"，顾名思义，就是将发明和创新之间的关系描述成一个上下连通的管道，政府只需要在管道上端的基础研究进行投资，那么，这些投资就会产生大量创新种子；而管道下游的企业家只要接住这些种子继续进行研发式培育，做好设计与生产就会产生大量的创新成果。

这种模式的要旨就是抓好基础研究，做好源头创新[1]，抓住重大突破性发明起源，就可以产生足够多的财富，这是一种典型的"技术性供给"思路。这种看法其实忽略了"灰度创新"的贡献。它对于制造通过与研究和设计的互动而产生的创新基本视而不见。而现在，美国开始否定这种自己

【1】 William B. Bonvillian, Peter L. Singer 著. 沈开艳等译. 先进制造：美国的新创新政策[M]. 上海：上海社会科学院出版社, 2019: 9.

建立和推崇的模式，转而认为"设计+制造"如果能在一起，看上去更容易使创新得以发生。

David Autor等人在中国进口竞争对于美国公司的研发资金和专利生产的影响研究中发现了一个有意思的现象，企业面临竞争的时候，研发和专利都会减少。发布于2016年年底的《国外竞争和本土创新：从美国专利得到的启发》的研究报告表明[1]，"研发与制造往往相互补充，而不是相互替代。当制造阶段面临激烈竞争的时候，企业不会趋向于用研发方面的努力来取代制造方面的努力"。这个结果暗示了企业创新的一种"路径依赖"现象的存在，也意味着研发与制造的分工会随着竞争的加大而各自深挖鸿沟。作为不同的组织之间的联手，形成灰度创新将有着更大的生存土壤。

美国康宁公司在合肥工厂的全球首条生产10.5代液晶显示器（TFT-LCD）玻璃基板的产线。它可以提供2940mm×3370mm的10.5代玻璃，是当今市面上最大的液晶玻璃基板，能为65英寸、75英寸电视提供最为经济的切割方案。康宁是发明并在全世界第一个使用熔融下拉技术生产液晶玻璃的企业。在20世纪80年代，康宁发明了世界上第一套用于TFT-LCD的无碱玻璃基板，协助显示器产业顺利从无源矩阵式技术升级到有源矩阵式技术。30年过去了，康宁的研发成果在中国工厂开花结果。该工厂能够在一栋长达1.3千米、面积约数十万平方米的洁净室大楼中，生产厚度仅为0.7mm的大片玻璃。虽然大部分生产都是自动化的，但运行该设施需要大量的工程人员支持。Willy Shih博士提到[2]，"在美国没有一位工程师知道如何进行这种等级的工业工程或这类过程的工作"。这项工程总投资超过15亿

【1】 William B. Bonvillian, Peter L. Singer 著. 沈开艳等译. 先进制造：美国的新创新政策[M]. 上海：上海社会科学院出版社，2019: 121.

【2】 美国国家院三院. Revisiting the Manufacturing USA Institutes: Proceedings of a Workshop (2019) [R].美国，2019: 10.

美元，仅用了两年半的时间，于2018年5月实现了量产。而这家美国公司在北京和重庆还设有两个8.5代玻璃基板的工厂。最新的记录发生在2019年的最后几个月，特斯拉向中国用户交付了第一批本地生产的电动汽车。这个位于上海的超级工厂，从开工建厂到交付第一批产品，仅仅用了357天。

恐怕只有在中国才能找到如此娴熟的劳动力和工程人员能完成此类操作，以这样的速度修建工厂。工业研发很重要，但能够实现规模化生产的诀窍也很重要。Willy Shih博士或许不应该感到意外，因为这条生产线的客户正是中国的液晶屏生产商——京东方。双方面临的共同使命是一个大尺寸超高清8K显示屏的时代正在来临。

这种双方多年合作的上下游紧密的关系，其背后就是灰度创新在发挥作用，这是无法轻易撼动的土壤。

/ 第三节 /
制造难以大规模迁移的护城河

中国的劳动力优势正在急剧缩减。中国劳动力供给已经出现拐点，而相应的工资还在不断提高；与此同时，东南亚、南亚等国家劳动力供应充沛，20岁以下人口仅印度就有5亿（中国是3亿）。两三年前，对孟加拉国的调研显示，当地服装业普通工人的月工资只有50美元，熟练技工也才100 ~ 120美元。现在中国技术工人工资很多都在五六千元人民币以上，相差至少六七倍左右。同时随着中国经济的高速发展，土地成本也在大幅度增加。2018年，全国工业用地每亩已经超过50万元，而上海则已经超过169万元[1]。

那么劳动力密集型产业是不是很快就会迁离中国？一方面，与产品所在的市场有很大关系。即便在优衣库、H&M、Zara等服饰巨头的店铺里，货架上出现很多越南制造、印度制造的产品，但中国仍然是世界上规模最大的纺织品服装生产、消费和出口国，更是纺织产业链最完整、门类最齐全的国家。而优衣库更是不愿意离开中国，因为优衣库的主要市场在中国。2017年，中国化纤产量将近5000万吨，全球比重超过70%；规模以上企业的服装产量为280多亿件，相当于为全世界每人提供约4件衣服。

另一方面，也与东南亚的基础条件和劳动力市场有关。东南亚许多国家的工业体系也在逐步建立。随着大批中国企业家的涌入，许多基于灰度创新的成果看上去也在逐步迁入东南亚。

工资成本低的"劳动力红利"曾一直被认为是中国制造的优势。正如前面所提到的，这其实是对制造现场创新的漠视。**劳动力成本并不是唯一决定制造业崛起的因素。**而想把中国制造的方式转移到东南亚的时候，并非简单的"低端产业迁移"的问题。这一点，从中国制造迁移东南亚引起的是日本和韩国的恐慌就可以充分看出来。中国明显是带着新式装备进行迁移，而日本和韩国往往还是将以前的旧生产线迁移过去。

这个过程中，自然会有大量的灰度创新的成果进行迁移，它也会有当地的萌芽机制。各种生产线的重组和落地正是企业家在忙碌着为灰度创新安扎全新的营地。

【1】 中国106个城市：工业用地的市场交易价格差异有多大？建厂可以了解一下. [2018.07]. https://www.sohu.com/a/240218137_667714.

三星公司在越南的努力开辟出了灰度创新的大片试验田。作为全球智能手机制造商之一,三星是越南最大的国外投资者,它雇用了大约16万当地人[1]。2018年,三星从越南出口的商品价值600亿美元,占越南整个出口总额的四分之一。自2007年以后,三星一直在越南投资建立手机工厂。2015年,三星手机在越南的产量达到巅峰,占三星手机所有产量的50%。2016年,由于越南组装的 Galaxy Note 7 出现震惊业界的"电池爆炸事件",使这一趋势开始下降。2017年,三星手机仍然有30%的产品来自越南。当然,越南市场也对此给予了积极的回报。在2018年,三星手机占据了当地市场46.5%的份额,远远超过排名第二的 OPPO 的19.4%和老对手苹果的9.2%[2]。

可以想象,三星一直期望找到更多的越南本地供应商。在2014年,只有10家越南本地企业是一级供应商,而且4家是提供纸质包装的;而其他63家企业,则有53家来自韩国,剩下的供应商是日本7家,马来西亚、新加坡和英国各1家,一些特殊的原因造成没有中国供应商。自那个时候起,三星与越南政府合作,加大对一级供应商的培养。在当年举办的三星采购交易会上[3],200多家越南本地供应商跃跃欲试,响应三星的91种"零件本土化计划",然而却鲜有合格者。为此,三星开始提供技术咨询计划,将韩国专家派往越南,以改善制造流程。对于越南制造而言,这是一轮大规模灰度创新的机遇。然而,单纯依靠一家的知识输出,对越南而言是远远不够的。

【1】 越南最畅销的报纸. [2019.03]. https://e.vnexpress.net/news/business/companies/samsung-vietnam-sees-2018-profits-plummet-3893548.html.

【2】 越南企业"复兴"本土手机:挑战当地霸主三星. [2018.07]. https://www.cnbeta.com/articles/tech/742563.htm.

【3】 对外经济贸易大学、联合国工业发展组织主编. 赵静译. 全球价值链与工业发展——来自中国、东南亚和南亚的经验[M]. 北京:社会科学文献出版社, 2019: 134.

针对这个问题的替代方案也开始出现。越南企业准备先在二级供应商扎下根，而"红娘"正是韩国的制造商。在宁波早就拥有一家韩国独资的注塑机厂商宇进（Woojin），通过大量的培训和机器维护，帮助位于西贡的本土制造商Ninh Nguyen进入三星的全球价值链[1]。这与他们12年前在中国的做法简直如出一辙。中国曾经走过的灰度创新的道路，现在正在被越南"复制"。然而，即使到了2017年年底，三星仅仅招募到了26家企业参与了计划，进度缓慢。

可以说，越南在全球产业链升级的过程中表现的能力并非特别突出。

即使像制衣行业如此成熟且劳动力密集的行业也呈现了一种典型的本地市场依赖性的特点，大量的本土消费者一定程度上保护了中国的制造供应链。制衣的生产活动看似简单，实际上却是一个复杂的系统过程，不是仅靠单一的成本要素（人力、土地、资本），这其中还积累了大量的灰度创新。这是一个依靠自然条件、社会人文、基础设施等外部约束，以及供应链的联合创新机制。

灰度创新不仅仅适用传统行业，对于全球新兴的电动汽车行业也同样适用。无论是异军突起的特斯拉，还是经典品牌大众、奔驰，都会优先考虑中国电动汽车市场。生产制造的选址必须要服务于这样的企业战略考量。

这对于中国制造所产生的灰度创新的价值，似乎有机会继续保持一段时间的优势。这是需要珍惜的"时间窗口"，在此期间需要准备有利的防护措施。因为工厂一旦衰落，灰度创新就会逐渐变得暗淡无光。

【1】 东盟秘书处. 2016年东盟投资报告. 2016: 170.

/ 第四节 /
回岸制造不容易：灰度创新助推了利润

美国的一些研究者和政客近几年一直在诟病"本土发明，离岸制造"（Invented Here Manufactured There）的全球分工模式。按照这种模式，美国大量的原理和基础研究形成的源头创新的成果，最后都被其他国家的离岸制造所吸收。这是一个过去几十年全球化制造的一个重要根基，也是一个参与方全谱系受益的模式。无论是从研发、设计开发、论证、测试，到初步市场，再到规模生产，以及后续服务，这些参与者不必都同处一隅，而是分布在世界各地，根据各自的分工链条享受各自的价值回报。

尽管这种分工形成了巨大的财富剪刀差，但一些美国人仍然期望美国制造进行重大调整，将生产重新拉回美国本土，让本土发明可以实现本土生产。这是一个典型的"解耦"过程。

然而，撒出去的分布式制造，真的像风筝一样，想飞多高就放多高，而想收回来就能拉得动吗？创新链条是一个逐级放大的环节，在汽车制造业可以看得很清楚，从一级供应商（Tier1）到二级供应商（Tier2），逐级下去，会形成一个巨大的伞状放射效应。每个环节都有灰度创新的巨大潜力，想切断这种联系其实并不容易。这个解耦要付出巨大的代价，就像要从一棵老榕树上清理每一块青苔。"本土发明，离岸制造"还有第三个环节，那就是"离岸创新"。离岸制造中有大量的创新环节是需要被认可的。

这是制造现场的人员用自己的智慧所做出的贡献。

很显然，灰度创新会吸引源头创新。美国靠强大的基础研究一定程度上实现了对源头创新的引领，但正是因为中国是灰度创新的集中之地，也带动了源头创新的尾随而至，许多国际企业也竞相获取中国的工艺和制造技术。这也使全球创新重心也在缓慢地向亚洲转移。尽管灰度创新与源头创新的形式并不相同，名气更是相差甚远，但在创造价值、创造财富的本质上二者并无不同。

技术创造并不是价值的唯一通道，商业模式同样非常引人注目。美国学者对发明与市场价值之间的关系进行了调查。Nordhus在2004年发布的一份报告中指出，1948 ～ 2001年间诞生的发明创造中，这些创造的发明人只能获得自己研究成果现有价值的2.2%[1]。与其说97.8%的价值基本都进入了他所定义的"模仿者"的腰包，不如说是"创新"而非"发明"产生了近50倍放大效应的增值。

近几年，丰田、京瓷和宝马等国外大型企业相继与中国企业展开合作，丰田在车载电子产品领域、京瓷在电子零部件领域、宝马在车载音响设备等领域与中国企业展开合作。基于这一点，2019年4月，日经中文网的一篇报道甚至有点夸张地指出"世界大型企业竞相获取中国的技术，如果这种趋势过大，甚至有可能出现中国政府担忧技术外流的声音"[2]。

然而对于企业家而言，可能并不会下如此结论。这背后的原因是，中国强大的制造能力为这些国外厂家提供了快速验证新科技的基本设施和领域工艺知识的机会。这种验证方式要比这些国外大型企业的内部研发部门

【1】汤之上隆著. 林螯译. 失去的制造业：日本制造业的败北[M]. 北京：机械工业出版社，2015: 191.

【2】日经中文网. [20190424]. https://mp.weixin.qq.com/s/MzzltRtL5useftYwTaFQ_Q.

的反应速度快很多，而且成本很低。同样，美国在产品制造基础环节薄弱，也使一些新产品、新应用的验证场所，不得不离开美国。尽管这是美国一些政客和产业人士、学者忧心忡忡的地方，但对于企业家而言，却是一种最佳的选择。这种选择的结果将为这些企业的本土股东带回更加丰厚的利润，而增值部分也正是灰度创新的贡献。

"离岸制造"从来不是简单的复制性生产，其中有大量的知识沉淀。具有讽刺意味的是，许多"离岸制造"的知识积累往往正是被剥削的关键部分。如果能真正发挥这种灰度创新的价值，那么制造环节在整个价值链中完全可以得到更丰厚的回报。

📋 案例：灰度创新的放大效应：德国设计＋中国制造

德国VENSYS能源有限公司（以下简称VENSYS）成立于2000年，坐落在德国的一个小城里，是世界上研制大型直驱永磁风力发电机组的先驱之一。这是地方性大学Sarrbruken的教授们利用研究成果创办的"校办工厂"式企业，从研制600千瓦直驱永磁技术开始，逐渐发展到1.2兆瓦、1.5兆瓦和2.5兆瓦等系列产品，取得了众多的专利和开创性技术。可以说，VENSYS是含着金钥匙的源头创新。由于直驱永磁技术利用风轮直接驱动永磁发电机，结构简单优化，在低转速下输出功率更大、效率更高、电子化程度高，省去了双馈型风机所必需的高故障、高成本的齿轮箱，从而大大降低了维护成本，发电效率可以提升5%以上。然而，在2000年的时候，大型永磁电机的设计和制造技术尚属空白，全功率变流装置的成本也是居高不下。因此，永磁直驱技术虽然被看好，但是那些处于市场领导地位的公司对兆瓦级技术路线仍然坚持使用带齿轮箱的双馈方案。

由于缺乏应有的制造和市场开拓能力，新技术并没有太多的"实验田"，在竞争激烈的欧洲风电市场中，体量弱小的VENSYS一直艰难地为生存而打拼。VENSYS主要的收入来源是技术转化与技术提成费，而整机、零部件的销售收入则非常少[1]。

这意味着，从价值链条来看，尽管VENSYS侧重于研发，属于制造创新的"源头活水"。但如果没有制造现场作为沃土，即便上游研发的技术再领先，也无法真正进入创新循环之中。

直到2003年，中国最大的风机制造商——金风公司（简称金风）的介入才改变了这种局面。通过600千瓦/750千瓦机组的国产化，金风公司在产品制造和技术积累方面都达到了一定的水平。在金风发展的关键阶段，看准了这一划时代的技术，于2003年开始与VENSYS在直驱永磁技术方面进行合作。德国的创新技术和中国的制造能力产生了积极融合的效果，双方都在市场上取得了巨大的成功。

与国外研发设计接轨是金风很早的传统。作为国内最早拓荒中国风电产业的企业之一，金风在20世纪90年代开始介入风电制造领域，主要通过购买生产许可证技术、引进成熟的风电技术，通过对引进技术的消化吸收实现关键零部件的国产化和机组的批量化生产，为中国风电产业化打下了坚实的基础。在对引进技术消化吸收的过程中，金风特别重视利用国外先进设计软件，不仅舍得花重金购买，而且多次送关键技术人员出国培训。在这个过程中，金风购买了大量的设计软件，包括整机与载荷设计、机械设计类和仿真分析软件等，这在当时是非常少见的。学习这些设计软件背后的理论知识，就使金风的技术人员能够消化和理解软件背后的逻辑，从而更加全面地理解机组的设计。不仅如此，金风还积极投身于风电技术

【1】 钟芳芳. 技术获取型海外并购整合与技术创新研究[D]. 杭州：浙江大学, 2015: 104.

标准体系的构建，一开始就参照德国先进的工业标准和认证规范，以高标准、严要求来规范国产化的零部件。

初步入门以后，对这些标准背后的设计理念，金风深感大有提高的空间，于是决定对外部采用联合创新的方法。西方的工业基础是一种土质均衡的土壤，无论是与学校合作，还是与研究单位合作，抑或是与零部件厂家合作，诚信度和互相支持的精准度都非常强。即使国外大学做出来的成果，有限元分析、实验数据都直接配套，拿过来之后稍微做些工程化的修改就可以投入应用。西方研发的工程化趋势很明显，而这一点正是国内院所相对比较薄弱的地方。

金风当时的风电设备销售主要集中在1.0兆瓦以下的小容量低端市场，而1.5兆瓦以上的中高端风机市场则长期被GE风电、三菱重工等跨国公司所占领[1]。在这种情况下，金风决定与VENSYS联合研发1.2兆瓦直驱型风电机组。然而，在达坂城风电场运行的1.2兆瓦样机尽管通过了德国Windtest测试机构的认证，样机发电性能达到了国际最先进的水平。但在开始阶段，由于两家公司技术磨合及供应能力不足等原因迟迟不能量产，手中的大量订单不能按时交货[2]。

为了扭转这种被动的不利局面，2008年4月，上市不久的金风斥资4120万欧元购买了VENSYS公司70%的股权，将直驱永磁技术的知识产权掌握在自己的手中。然而，能够成功并购VENSYS完全得益于双方长达5年的合作。在开始收购的时候，金风并不是出价最高的买方，还有其他两个强劲的竞争对手——美国GE和高盛也在虎视眈眈。最终选择了金风的VENSYS

【1】 徐雨森, 李亚格, 史雅楠. 创新追赶背景下后发企业路径创造过程与能力[J]. 科学学与科学技术管理, 2017, 38(6): 110-119.

【2】 苗忠. 风电整机生产企业的经营模式研究——金风科技案例分析[D]. 北京：中国地质大学, 2016.

的 CEO Renk 解释道，"VENSYS 还只是一个研发团队，比起纯粹的资本投资行为，更希望看到自己的技术落地，得到市场的认可。与其说选择金风收购 VENSYS，不如说是看到了和金风长期合作发展的未来"[1]。二者长时间的联合设计与制造也大幅度降低了并购过程的磨合成本。收购之后，德国金风风能子公司也干脆搬到 VENSYS 所在的城市，与 VENSYS 员工一同工作。中德互派工程师，提供一切机会促进并购双方的交流。从最初几天会议交流，到几个月派驻轮换，再到一年两年甚至多年在对方公司常驻，双方团队在业务合作过程中实现了研发思路的统一、开发工具和设计方法的整合，有效地提升了产品研发的工作效果和产出效率。同时，二者在业务融合的过程中，德方也逐渐接受了相同的价值导向、客户导向。加班加点有时候也被德方接受。这是东西方文化相互融合和影响的结果。

中国制造的最大特点之一是创意多。如何将丰富的创意与德国设计的严谨思考和工匠精神结合，非常考验双方的智慧。金风与 VENSYS 的碰撞在被双方接受之后所形成的产品设计就开始变得很规范。例如，磁钢防护层的设计升级，金风研发和工艺设计团队借鉴叶片相关生产工艺，在磁钢表面快速形成真空覆层，以改进原有防护设计的生产效率和工艺效果，而 VENSYS 团队在获悉这一创意之后，认真比对相关工艺在叶片制造和磁钢防护方面的技术特点，在设计原理无误的情况下，详尽地针对材料、工装、操作步骤、生产节拍等诸多环节进行理论分析仿真和小样试验测试。经过国内车间的验证及进一步优化细化，最终双方共同确认了新的防护层设计及工艺方案。

随后，双方的考验进入了第二个阶段，也就是产业化的环节。中国的产业配套比较齐全。改革开放引入了很多国际标准和国际装备，很快可以

【1】 中德企业在并购中实现双赢. [2016.11]. http://world.people.com.cn/n1/2016/1112/c1002-28855008.html.

形成一个快速进入市场的产业链或者是供应链系统。供应链的开发其实是一个巨大的创新，也是一个很容易被忽略的创新。实际上，从德国方面拿过来的都是一个一个僵硬的标准，从标准怎么变成工装，又怎么变成工艺，这中间需要有太多的再创造。

例如，给电机浸漆一般采用滚浸的工艺。一个油槽里面放着绝缘漆，在上面架一个轴把电机立起来转动，就像北京转炉烤鸭一样。但对于VENSYS设计的大尺寸永磁直驱电机，这种方法生产效率低、材料成本过高、涂漆表面也不均匀，且生产过程中的质量缺陷会影响电机的绝缘寿命。然而德方VENSYS表示无能为力，因为从设计端来看，只能走到这一步。金风工程师拿着这个大尺寸的设计图纸与电机制造厂商反复协商，最后决定投资建设一个大型真空浸漆设备，让电机定子整体进行真空浸漆。由于采用负压的方式，绝缘漆就更容易渗透到电机的内部，使绝缘效果非常好。浸漆之后，再进行常规的百分之百的浸水实验。

这个围绕设计而定制的制造在现场端彻底解决了大尺寸的生产工艺。围绕着制造端的大量专业实践知识的涌现，也就是所谓的"黑手"创新，一双车间老摸机油的黑手，使设计师的天才想法最终得以实现。

大型直驱机组的主轴承装配是一个非常关键的工序。为了达到最佳的使用效果，主轴和轴承之间的装配游隙应尽可能小。从传统制造的公差配合来看，理论上要达到这个设计要求，只有将轴承游隙和轴的尺寸公差都降低。但在实际中，这是非常不经济而且几乎无法实现的。如何在批量生产阶段想办法既降低成本，又能保证配合间隙？德国设计师们的问题再次留给了制造工程师。这个时候，金风和上游的轴承、主轴制造厂家联合探讨可能的办法。最后三方决定用"时间差"来换"空间精度"。主轴厂首先得到轴承预先提供的游隙数据，然后轴承商开始批量生产。在这个供货周期范围内，主轴厂开始进行精细加工使其尺寸达到特定值。一场精巧的协同战役打响了。在当时轴承供货极为紧张的时期，主轴制造工艺连夜调整改进，最终使从厂家得到的每一个轴承都顺利进入装配阶段，在没有大幅增加零部件加工难度的情况下达到了设计要求。上游研发设计师的精密与下游精密的装配遥相呼应，共同展现了设计与工程的精巧之美。

由于中国地域跨度大，地质风貌多样化，各种环境如高温区、低湿区、高海拔区、内陆风沙区、海上盐雾区等都会给风电机组带来不同的挑战。欧洲的平地多，除了平均海拔3000米的阿尔卑斯山脉，其他地区很难找到太多的高山，而在中国，许多风场都是在海拔3000～4000米的西北部地区。而类似广东、海南这种高盐、高潮湿的天气，在欧洲也几乎没有。在中国东北零下42℃的风场同样存在，而欧洲设计者有时候会认为不是所有的生意都可以做，不要说零下42℃，就是零下25℃以下，就已经很难实现了。然而，这就是中国特有的市场，如果不去攻克就没有人会去做。这些复杂多变的工况，为VENSYS的研发提供了源源不断的应用场景。这也意味着"德国设计＋中国制造"进入了第二轮创新阶段。

由于转速较低，直驱机组的转速测量面临较大的难度，传统的采用编码器通过频压转换得到转速的方法成本高且容易发生故障。更重要的是，这种方法对于1.5兆瓦电机还比较有效，但对于更高功率的2.5兆瓦电机则不再适用。针对这个问题，金风研发工程师开发了一种新的算法，提取单套发电机绕组的三相弦波交角特征信息，实现无须标定和校验的全数字化准确测量转速。这种想法，让德国VENSYS的设计工程师们也很兴奋。基于这种技术，再结合模型预估，完全可以实现无触点对发电机及风轮的转角测量，而且成本大幅下降。

借助于资本作为纽带，二者合作的灰度创新进入了快速通道。对于金风而言，其在2008年之前，国际市场的销售量很少，而并购VENSYS之后，金风可以利用VENSYS的高端德国制造品牌进入欧洲与美国市场。金风随即创建了制造变流和变桨系统的子公司，属于VENSYS的生产子公司，通过该子公司生产VENSYS高端德国制造品牌，以此为突破口，进入德国风机制造市场。VENSYS品牌主打欧美市场，金风则主打中国及亚非市场，实施"双品牌战略"。VENSYS不但是金风关键的研发平台，同时也开始承担欧洲市场营销主体的功能。

与VENSYS相比，金风在制造上具有成本优势，VENSYS则在研发上具有技术优势。这是一个典型的灰度创新的成功案例。对于VENSYS的设计而言，只有金风，只有在中国，才能找到与之相匹配而且成本适宜的零部件，并且进行改良，将结果回馈给VENSYS。这样，就使VENSYS的设计优势与金风对于制造和工艺把握的优势相结合。产业化的优势使金风成为VENSYS强大的后盾。到了2015年，金风新增装机超过4600台，新增装机容量超过7.8GW，成为全球最大的风机制造商，并将直驱机组在全球风电市场新增装机量份额提升至20%以上。而VENSYS自身规模也在发展，在德国也开始拥有两个生产基地，年营业额在1亿欧元左右。

金风与VENSYS的联合设计和研发将直驱永磁技术发扬光大。VENSYS作为典型欧洲研发型公司，十分重视其原创型"源头创新"，将直驱永磁的关键技术进行了专利保护，在有限投入的情况下做到最大的保护效果。而金风不断加大对知识产权的投入力度，保护外来知识产权的同时，通过后续技术创新和持续专利开发，建立有效的专利保护群，除了将永磁直驱的核心技术在更大区域范围内实现保护，还将工装工艺方法等"黑手"创新有效地保护起来。与此同时，金风也敞开灰度创新的大门，在丹麦、德国、澳大利亚设立了金风研发基地，与清华大学等高校陆续合作，建立起多通道的创新研发体系，获取了电控系统、变流器和变桨系统等关键部件的设计和制造经验。

从松散的合作到深入的灰度创新，资本起到了重要的催化作用。然而在一开始，直驱永磁发电为非主流技术，其产业链不完整，相应的零部件供货商也较少。金风在产业链条上深谙合作之道，形成各种机制的灰度创新。金风采取了不同寻常的措施，搭建产业平台，与上游供货商进行零部件的联合设计以扶持供货商。为了吸引全球最大的叶片供货商——丹麦LM公司，金风甚至单方出资在新疆为LM公司建造厂房，而就地配套的LM优质叶片对金风的发展起到了重要的作用。在变流器绝缘栅对极型晶体管（IGBT）模块的生产制造上，金风也加强与英飞凌公司的技术合作，强化高端零部件模块的技术储备。

第四章

Chapter 04

产业级生态：工业生态系统
是创新的最好保障

　　灰度创新最适合的土壤就是工业生态。那么这个生态是如何组成的？政府的制度与政策、企业供应链的疏密、差异化服务的银行、人力资源、高校院所的潜在技术等，都会对灰度创新产生影响。甚至民间组织，也会对灰度创新起到积极作用。例如，在美国，经常会有类似企业家协会的民间组织，由各企业CEO组成，按每个企业的销售收入比例缴纳会费。每年由推选的董事会成员，在充分考虑这些大公司的发展战略之后，研判政策或法规，并推动国家职能部门对企业发展的认识，从而形成了对行业的良好保障。

/ 第一节 /
大学与企业之间的同级切换

　　大学与院所、与企业之间关系的作用，是制造创新中重要的一环。

　　例如在德国，许多教授和企业家的身份自由切换。往往需要在企业工作过几年，才可以去申请大学教授的职称。这使企业家和教授合二为一的现象非常普遍。那么，企业和大学院所，到底需要建立一种什么样的关系？

　　20世纪末，日本佳能的研究中心终止一个项目之后，就把价值100万美元的研究设备赠送给东京大学实验室，并且派2名由佳能付薪的研究人员到这所大学继续工作。作为一种互惠机制，大学和企业一起负责项目专利的落实[1]。

【1】 Sigvald Harryson著. 华宏慈等译. 日本的技术与创新管理：从寻求技术诀窍到寻求合作者[M]. 北京：北京大学出版社，2004: 108.

这是佳能跟大学之间共享知识体系的一个传统。很多佳能研究人员会被派送到大学，从事与佳能业务有关的研究工作，这些人往往每周回佳能一次，确保佳能的业务与大学的工作保持紧密的联系。在20世纪90年代初，佳能也与20名日本教授签订合作协议，他们可以来佳能进行科学讨论，也可以在自己的实验室接收佳能研究人员。

美国麻省理工学院出版的《重塑制造业》一书中描述了一个更为复杂的故事，介绍了全球第二大轴承制造商美国铁姆肯如何将企业、大学和政府紧密地连接在一起。铁姆肯将公司的涂层研究仪器和人员全部转让给阿克伦大学（Arkon），建立了一个新的表面工程研究中心，设立在阿克伦大学的腐蚀实验室。美国政府也给予了经费支持[1]，美国国防部拨款了2400万美元的配套经费。通过这种合作关系，铁姆肯获得了更齐全的技术研究机会，实现了企业研发人员与大学的互动，同时阿克伦大学也专门设立了腐蚀工程专业的学位。而这些专业学生的实习、研究都在实验室中进行，并且可随时接触到铁姆肯的技术支持，许多学生毕业后，也都来到了铁姆肯公司工作。

麻省理工学院所在的马萨诸塞州借助于"美国制造业USA"这样的网络，向其基础设施建设投资1亿美元，其中包括美国先进功能纤维（AFFOA）、集成光电子（AIM Photonics）、先进机器人（ARM）和柔性电子（NextFlex）。实际上，有了国家投资，不同的研究中心、当地企业可以共同使用麻省理工学院林肯实验室里面价值数百万美元的晶圆工厂，当地公司可以开发新的产品。并且这些设施使研究所、大学、企业和国家实验室能够在同一栋建筑内，对技术交叉部分进行协作[2]。在这里，灰度创新拥有广阔的天地。

【1】 Suzanne Berger著. 廖丽华译. 重塑制造业[M]. 杭州: 浙江教育出版社, 2018: 213.
【2】 美国国家院三院. Revisiting the Manufacturing USA Institutes: Proceedings of a Workshop (2019) [R]. 美国, 2019: 27.

📑 **案例1：海尔工业智能研究院的探索**

灰度创新，首先从敞开胸怀的包容理念开始。例如，以"紧抓技术发展潮流和先进技术转化器"为定位的海尔工业智能研究院（以下简称海尔智研院），正在寻找与大学、与上下游企业联合创新的机会。与常规研究院不同，它呈现了一种更加开放的姿态。例如，热水器的焊缝检测一直是行业难点。因为不仅要保证焊缝不能有泄漏的情况，还要重点关注焊缝内部是否有缺陷，这样的缺陷会导致产品后续质量的隐患。目前行业一般用充气检测，但效率低、检测精度不高，还存在一定的安全隐患，更为重要的是，无法检测焊接内部潜在的缺陷（气孔、夹渣等）；而采用氮氢检测，检测精度虽然有所提高，但设备的初期投资较高，且后期耗材消耗的成本也比较大，同样也检测不了焊缝内部缺陷的问题。电磁超声无损检测，作为一种超前的内部缺陷检测，给人带来新的期望。它类似工业CT技术，通过电磁效应原理起作用，电磁波打过去之后，反射回来，通过探测射线反馈出波长值，从而就可以对应不同的探伤缺陷。采用工业CT来测量管壁厚度，再加上建模、用软件做仿真分析，检测速度会很快，而且检测更彻底。

哈尔滨工业大学的零声科技公司虽然规模很小，但技术实力很集中，很适合与大公司进行尖点技术上的突破。这也是灰度创新的一个重要规则，过于产品化的大公司，未必适合联合创新。尽管许多国外大公司看上去似乎可以合作，但他们往往倾向于销售特定的产品，而不是开展具体技术方面的实验研究。零声科技则不同，虽然是2016年才建立的初创公司，但此公司依托哈尔滨工业大学军用电器研究所的无损检测团队，其技术很适合于局部检测。对大学而言，在与海尔工厂工艺化结合的过程中，如果能解决海尔热水器检测问题，那么所有的管道类检测基本上都能触类旁通。

科技成果转化有一个漫长的孵化期，单单有实验室技术，想上来就做出成熟的商业化产品，直接推向市场，其实是很难的。通过与海尔工厂的合作，零声科技就可以有很多特定的应用场景。当然，使用电磁超声检测技术对热水器的焊道检测目前也只是在实验验证阶段，还没有进入商业化阶段。但一旦突破工艺问题，研究出专利技术，达成双方共同的利益诉求，必然为双方合作带来更多的价值。当然，双方会约定，在什么样的时间点可以进行专利归属的讨论，包括将来可能的出资占股等。

对海尔智研院来说，跟合作伙伴之间的联合研发关系，比供应商关系，要重要得多。通过战略合作、联合研发，解决最直接的技术难题，是首当其冲要考虑的事情。海尔智研院也需要对外公开自己的一些生产"秘籍"，将工作状态和设备参数设定，都开放给零声科技，以充分保证电磁超声探头功能的匹配。对于零声科技而言，一开始就能够找到真实的土壤，并且置身于一个工厂生产的真实节拍之中去思考问题，这使新技术的幼苗一开始就长在了大公司现成的适宜土壤之上。

与此同时，海尔智研院积极派出"技术星探"，四下寻找更多可以合作的技术。这一条路并不奇怪，早在20世纪七八十年代，西门子的研究院就专门有一批"通向未来节点"的人，他们的任务就是四下寻找可用的技术和可以合作的技术人员或科学家。这次，"技术星探"们找到的"技术明星"是四川大学的一位教授。这位教授研究了一种可以防止渗水的涂料，之前该教授的涂料技术难以找到商业化的合作伙伴，很难推广应用。尽管也曾经与民企合作，将成果应用到运动鞋上，但耐久性和商业化却难以持续。"技术星探"建议，这种成果可以转化到外墙涂料上而不是鞋面上，因为这种涂料在瓷砖和瓷具上具有应用价值。于是海尔智研院开始与四川大学的教授进行联合研究，通过不断的工艺实验探索解决批量化生产问题和成本问题，在固定的外墙特别是家用瓷砖上进行工艺研究，并取得了良好的效果。

在中国，也有很多类似的尝试。烟台大学药学院就是由绿叶制药出资与烟台大学联合创办的，绿叶制药派出研究人员担任药学院教研室的主任，利用大学的平台和人才，联合培养大学生，经过十几年的时间，已经培养了上百名硕士研究生和几十名博士研究生。药学院的老师如果优先研究绿叶制药的项目，就可以获得经费支持，并且还会拿到绿叶制药提供的额外薪水，老师自己立项的创新项目，如果有商业化前景，也可能会被引入绿叶的产品线。目前药学院的大部分老师都承担绿叶制药的一些项目，这样就不用到处去寻找资金支持，可以节省很多时间做创新工作。

在国际上也有很多类似的案例，比如英国的罗尔斯·罗伊斯航空发动机公司，它在很多大学设立了先进制造中心，主要围绕着可持续商业化应用研究。产学研合作的发展中，关于知识产权的使用、教授的身份定位、科研成果的属性等方面，还需要更多的探索。

📋 案例2：研华与大学的灰度创新

物联网在制造业中的应用，是近年兴起的热门话题，是传统产业转型的重要契机。但产业与学界间的距离，往往使实际上的应用效果不佳。为了弭平产学落差，研华科技公司认为只有建立中长期产学合作平台，才能整合产业与学界的核心能力。因此2015年研华启动一个5年投资计划，以每年2000万资金支持，在某大学成立首座专门针对物联网议题的产学平台"物联网智能系统研究中心"，以促成学界研究达成产业化。

物联网智能系统研究中心有三大实验室，包括智能影像处理、嵌入式物联网平台，以及工业4.0实验室等。实验室设立有实验室主任，可由主任推荐实验室教授，也可由研华自主寻找。研华从企业实务角度提出关键议题，与实验室的教授进行讨论，共同制订出年度研究计划。每个实验室可以有多个研究课题，教授提出经费需求，这些课题有可能是跨年的。研华在大学成立了一个委员会，通过看计划书、做审核，决定是否通过课题方向。每个课题会有一个首席研究员，由大学教授担任。同时在实际研究中，在每个实验室，研华产品部门的人也会参与其中，并接受实验室的管理。

物联网智能系统研究中心在每一季度都会召开一次回顾会议，由指导委员会（大学3席、企业2席）与外部专家引导研究课题讨论，使研究课题更精准针对实际需求。这种委员会联合指导的方式，除了促进研究成果的学术价值，更能创造产业价值。

研华一开始与十多位教授建立了广泛的合作。在实际的操作实践中，这也是一个相互选择、相互适应的过程。第一年合作的时候，参与教授比较多，在合作过程中，有些教授不一定能适应企业的快节奏，随着研究方向的逐渐聚焦，合作教授则会越来越稳定。

教授往往更希望研究的成果具有学术价值，能够快速发表论文；但对于企业而言，更希望成果能够在实际环节中得到应用，而且产品部门最好将来能接手这项技术。为了达到这一点，产品部门一般会提前参与到研究之中。但即使如此，也不能指望都能产生效果。因此，一般产学研计划，一开始委托方也要做好为社会做公益的心理准备。基于这种开放的心态，研华并没有特别强调知识产权所有权，但一般会要求有优先使用权。

可以说，产学研合作还有另外一个任务，那就是人才培养。这意味着，跟大学教授的合作，与把任务外包给公司有所不同。一方面，和大学的合作属于具有前瞻性的研究，另一方面，还有一个合作重点是人才培育。

在逐渐探索的过程中，研华与该大学一起探讨博士生的产学研合作。2014年研华就开始积极推动这个计划，但当时申请该计划的学生很少。因为博士学位对未来的收入并没有起到太大的帮助，因此前两年研华也收不到博士生。为了改变这种社会认知，2016年4月，该大学与研华合创物联网顶尖人才养成计划——"物联网产学菁英"（IoT A+）计划，以鼓励学生甚至在职人才前来申请到该大学博士班就读。博士班扎实的专业训练搭配企业实习，进入物联网产业实地操作，培育更多的未来物联网人才。在开始攻读博士前，这些人首先加入研华进行暑期实习，与研华事业单位探索物联网产业的热门话题，之后在物联网智能系统研究中心进行长期课题研究。为了确保加入此计划的"IoT A+产学博士"在读博士期间能够专注于课题研究，每年高达50万的奖学金也同时配套出炉。"IoT A+产学博士"采用"修业结合实习"的做法：两年修业，加上两年研华实习进入企业实操。修业期间由于参与的是研华的物联网实验室的研究课题，因此论文的命题直接切中产业需求；而后续的企业实习使学术可以无缝接轨产业。在博士毕业答辩时，研华也会参与到答辩委员会中。一旦博士毕业，决定加入研华企业，那么这两年的企业实习历练可以累计到工作年限中，为履历加分。

该计划发布之后，研华开始大量发布人才招聘广告，并举办大型团体面试征选。将面试到的优秀人才推荐到该大学读博。在经过一年的宣传之后，不少学生通过研华读取产学研博士。许多博士最后顺利入职研华科技公司。

事实证明，这是一个备受欢迎的产学研结合的潮流。很多院系都采用多样化的毕业方式，学术论文不再是唯一的考核标准，与企业成果相关的论文方向也可以申请答辩。

随着合作的深入，该大学也在新成立的学院重点强调产学研维度并积极欢迎企业的参与。而研华的高管，也会被邀请作为大学的讲座讲授，或者研究生导师。

/ 第二节 /
树状价值链网络

随着20世纪80年代的企业架构重组的国际潮流，许多企业减少了垂直一体化的倾向，开启了外包、战略联盟、分包、离岸制造等新模式，使灰度创新进入国际化合作的阶段。

这意味着大企业所创造的公共资源大大减少。因此一个物种丰富的工业生态系统开始出现分化，许多小企业难以为继，纷纷凋零。而工业生态系统，包括区域院校的人才教育、稠密的供应商网络、地方商会、大学人才等公共资源，为灰度创新提供了良好的土壤，大型制造业在其中起着至关重要的枢纽作用。

这种情况如今也很常见。由于城市环保方面的要求，2019年天津杜邦油漆离开天津搬迁到山东。整个产业链立刻都感受到了冲击，给杜邦做油漆金属桶的企业面临着关门，给这些油漆金属桶企业供应金属桶钢卷原料的批发商不得不寻找新的客户，这还影响了几十家给杜邦提供化工原料的供应商，甚至是企业周边的小卖部、服务设施都受到了影响。

在德国则呈现出不同的局面。德国中小企业比较重视研发投入，员工人数少于250人的公司，研发投入是250～499人规模公司的两倍[1]。而不足20人的公司中，超过70%的公司与多个伙伴合作进行研究[2]。

德国曾经发起一个光伏产业集群项目，用于一个为期五年的市电同价研究项目。政府出资4000万欧元，行业协会代表企业出资4000万欧元，联合大学、研究机构和企业一起做项目[3]。企业愿意参加其实并不完全是因为政府的资金支持，而是因为政府起到了一个很好的召集者的作用，政府是灰度创新的助燃剂。刚开始项目进展不顺利，各机构之间需要磨合，毕竟企业间还是有竞争的。但这个项目，合伙伙伴可以自己挑选，而这中间有很多构想可以相互启发，这意味着研发成本将会降低，这只是其中一小部分甜头。于是大家开始习惯合作，参与者不断进行实验分别测试了项目研究中的各种可能性，这对于一家企业来说是不可能做到的。

【1】 William B. Bonvillian, Peter L. Singer 著. 沈开艳等译. 先进制造：美国的新创新政策[M]. 上海：上海社会科学院出版社，2019：334.

【2】 William B. Bonvillian, Peter L. Singer 著. 沈开艳等译. 先进制造：美国的新创新政策[M]. 上海：上海社会科学院出版社，2019：359.

【3】 Suzanne Berger 著. 廖丽华译. 重塑制造业[M]. 杭州：浙江教育出版社，2018：153.

/ 第三节 /
了解与支持代理商：农机与工程机械的代理商

如何与代理商相处，是一门不小的学问。代理商需要直接与用户打交道，在市场最前沿阵地摸爬滚打，市场效果如何与代理商优劣密切相关，因此许多优秀的制造商，都非常注意建立与代理商的共同战壕。

德国农业机械制造企业STIHL与代理商联合在一起，共同采撷商业领域诱人的蜂蜜。这家做电锯和户外园林工具的企业，从来不会在普通的工具超市进行销售，它依靠的是严密的代理商网络。代理商的门店都经过精心设计，STIHL所有的产品，从大设备到小零部件，全部陈列出来，产品间的缝隙都会被填充得满满当当。在细小的领域"全而专"，是STIHL形成的专业形象。STIHL甚至生产了专门采摘橄榄的振动采果机[1]，以满足客户的需要。代理店就是STIHL展示实力的地方，而这种"专业工具"的理念，正是依靠代理商的服务才能宣传出去。二者形成了紧密的捆绑关系。又例如，娃哈哈制造商与京东商城进行密切合作。京东商城不再是简单地将娃哈哈的产品进行分配，而是需要与娃哈哈每天共享产品销售情况。这是一种创新的物资供给方式，需要双方制订周密的合作计划。

日本小松工程机械在20世纪90年代进入中国的时候，采用代理店销售和售后服务的方式。小松深刻地意识到，厂商与代理店之间的信赖关

【1】 Suzanne Berger 著. 廖丽华译. 重塑制造业[M]. 杭州：浙江教育出版社，2018，144.

系，会成为维护品牌的"护城河"，从而成为"非小松不可"的竞争优势。那么，如何培养故障修理及部件更换的服务工程师，如何更好地面对终端用户的各种需求？小松并没有把球踢给代理店，而是采用了三方培养的方式。2004年，小松找到山东交通学院，采用合作办学的方式，开设了为期6个月的服务工程师培养课程，一年两期，教学费用由小松和代理店各出一半。这种延伸的合作方式，很好地解决了售后服务人手的问题。各地代理店都把工程师送到这里来培养，每期10家代理店的几十名人员会参与培训。山东交通学院工程机械研究所承担着对小松工程机械中国市场服务人员的培训任务，迄今已累计为小松中国代理店培训了2300多名技术服务人员[1]。而从2018年开始，采用两地办学的方式，学员先在山东交通学院进行为期2个月的工程机械基础理论课程的学习，然后到小松在常州的产品技术发展中心接受为期3个月的专业课程的培训。这种合作方式，实现了四方共赢，也为企业的品牌提升打下了良好的基础。考虑到小松在中国的工程机械目前拥有近20万台的存量[2]，这些接受过良好培训的技术人员，将很好地承担后续服务工作。

与代理商合作共赢，是工程机械圈里的重要法则。小松在中国，与代理商一起创造性地建立了"代理商流通零库存[3]"的理念。在卖出设备之前，机器的所有权属于小松，代理店无须支付费用。这样的话，用户可以进行参观和试驾，而代理商则无须积压较大库存影响资金周转。这是小松专门为中国市场设立的一种代理机制，这种灵活的态度，使小松成功且快速地在中国建立了高效的销售机制。

【1】 院长陈松岩参加小松（中国）技术服务培训班开学典礼. [2018.04]. http://www.sdjtu.edu.cn/info/1050/11295.htm.

【2】 工程机械行业"绿色循环"计划启动，小松循环机战略入驻. [2018.03.29]. http://mini.eastday.com/a/180329145145732.html.

【3】 坂根正弘著. 王健波译. 小松模式：全球化经济下企业成功之道[M]. 北京：机械工业出版社，2012: 22-24.

其实小松对于流通零库存也有自己的考量。如果库存都属于代理店，那么小松对于终端的机器是很难进行控制的。一旦有积压，常常会导致代理店降价销售，末端市场价格失控，会对小松的品牌与价格体系造成的冲击，这是小松极为忌惮的地方。而在2008年3月，小松在全世界的库存达到1.8万台，足以支撑4个月的销售。这种现象最终也导致创新的"流通零库存"理念在中国应运而生。

小松可以实现流通零库存得益于背后有一套高效的信息管理系统。小松在全球最早推出了远程监控和锁机系统，最早是为了应对日本工程机械界出现的"盗机"现象。后来小松在此基础上，延伸出来机器信息管理系统，能够了解各地代理店的销售情况及可能的热销产品。

有了周密的思考和基于信息化的管理系统，有助于防止"代理商流通零库存"成为一个鲁莽的行为。借助系统思维和数字技术，利他主义在"快跑"的时候，合适的利己原则也会同步"跟上来"。这是双方搭背合作最舒服的姿势。

实际上工程机械企业新机购买费用只占总成本的30%～40%，更大的支出往往发生在后方市场。而代理商正是企业和市场的桥梁，这也是工程机械企业非常重视代理商的原因。

然而工程机械代理商依然面临着全新的挑战，代理商的维修业务呈现出经营乏力的疲惫之态。代理商的服务资源大都配置在保修期内，这是一个增量市场。但近年超出保修期后的存量维修市场竞争异常激烈。以工程机械的主流产品挖掘机为例，中国2018年的新增市场容量大约为20万台，但截至2015年年底，全行业挖掘机的10年保有量达到了132万台。许多设备都已经超出了保修期，这意味着高性价比的非原装的可用零部件大量涌入市场，为街头维修店增加了新的竞争力。与此同时，许多年轻人不喜欢从事维修行业。这些因素，都在冲击着原有代理商的维修根基，资源正在被重新配置。在这种变局之下，更需要机械制造商与代理商共同找到解决之道。

到了今天，借助于工业互联网的发展，工程机械主机厂与用户之间的距离大大缩小。主机厂可以直接"看"到用户的各种操作，洞察机器故障，但主机厂也不会轻易地将供应商甩开。全球工程机械领先企业卡特彼勒，在增加了许多移动终端、物联网远程连接等功能后，仍然强调所有这些都是围绕着供应商为用户提供服务的。如今，用户通过手机APP就能进行售后服务的预约及零配件的购买，还可以对机器的状况进行监测。这在很大程度上，既解决了代理商人员减少的问题，也大幅度降低了现场维修的成本。

这种联合式的灰度创新，在激发群体智慧方面，比一体化创新显然会高出一截。

/ 第四节 /
产业集群的灰度创新：中心—卫星工厂体系

大企业和小企业之间，是不是只有弱肉强食的压榨关系？对于一个产业集群而言，是不是到处都是同行冤家的剧情？国内许多园区的招商引资，过于强调资本，而淡化了供应链的紧密关系。而太仓的德国工业园区则非常注意供应链的协同。该园区里有300多家企业，关系非常密切。例如，有三家机床，都只面向汽车零部件行业，为特定企业服务。这是比较优质的产业集群。

而就集群之间的协同机制，中心—卫星工厂体系，提供了一个非常好的灰度创新机制的样本。它是以"冤家同行"为合作对象的创新机制，为产业集群的升级和连横思路，提供了极有价值的参考，也为群体生态的灰度创新提供了良好的实践。"中卫发展中心"作为非营利机构，专门面向一个细分产业建立横向联合，推动中心—卫星工厂体系的建设。它以几家大企业为龙头，上百家小企业作为卫星群，力图形成了一套自我运行的恒星体系。

早在20世纪80年代，为了推动企业间的合作，借鉴日本常见的供应商之间的协力体系，开创大企业与小企业联合协同创新的机制，1984年成立了"中心—卫星工厂体系推动小组CSP"。6年之后，由于该体系的日渐成熟，以及带来的不错的效果，推动小组落地成为正式组织，形成"财团法人中卫发展中心CSD"[1]。

这种"中卫模式"采用了一种"N对多"（几个中心工厂加几十个协力卫星工厂）的模式（见图4-1），强调的是企业间的合作，相互补充和协作。一方面中心工厂联合起来形成更多订单提供给协力卫星工厂；另一方面，也鼓励协力卫星工厂之间的良性竞争。

20世纪90年代末，一些自行车企业将注意力开始集中到高性能、高附加值的自行车上。生产商领头羊巨大集团（捷安特品牌，以下使用捷安特

【1】 王有柱. 聚变：产业转型升级的C3模式——中卫体系经验与大陆实践[M]. 北京：清华大学出版社，2018: 9.

代表）联合另外一家竞争对手美利达，加上11家零部件厂商，以"中心—卫星工厂"的模式，共同组成了A–Team自行车协会，带动产业转型。作为一个非营利性质的团队，成员组织可联合实现一辆自行车组装的全部零部件的生产。联盟成员之间是协同合作、相互切磋的关系，使A–Team成为促进自行车企业共同发展的一种有效机制。最终联盟成员的自行车单价从2002年前后的124美元，提高到2013年的450美元，实现了出口单价的大幅度提高[1]，A–Team成员也从大批量、低附加值产品转向了高单价的个性化定制产品。通过这种联盟机制，一举形成自行车高端产业，进而发展成为全球高级自行车的中心产地。

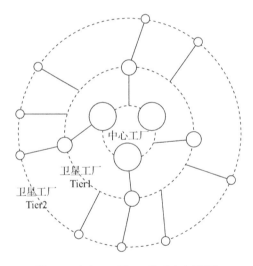

图4-1　中心—卫星工厂体系（自绘图）

这种与供应商之间的亲密合作，创立了合作创新的典范。捷安特与全球变速器龙头制造商日本岛野的多年共同进退，更是业界佳话。1993年当捷安特决定进驻江苏昆山的时候，岛野也同时在昆山设厂，而且双方在同

【1】 刘金标口述, 尤子彦著. 没有唯一，哪来第一[M]. 北京: 中信出版集团, 2016: 62.

一天破土建设厂房基地[1]，且双方共同冠名车队，成功进入2014年环法自行车赛。只有这种同呼吸、共荣誉、共进退的陪伴，才能更好地发挥联合创新的魔力。

目前中卫体系涉及面比较广，由初期的14个体系，扩展到近200个体系，涉及23个产业，卫星厂家高达3352家[2]。类似的，半导体无尘衣、螺丝螺帽等产业也都采用了这种中卫体系。

机床行业是另外一个经典的案例。M-Team由五家中心主机厂和40多家卫星协力厂组成。2006年，台中精机和永进及21家协力工厂，成立双核机床产业联盟M-Team。2011年整个体系扩容，新增东台精机、台湾丽驰、百德机械3个中心工厂和10多个卫星厂，总产值大约100多亿元（人民币）。后来又扩大至五个核心，共享订单、联合参展。这意味着M-Team联盟的机床参与者，不再是闭门造车、相互提防，而是互通有无、共同提高。

这种"中心—卫星工厂"体系，能够打破传统竞争局面、形成良好群体合作的原因主要有两个。

首先是企业领导层的相互认可，这是达成公共价值观的重要法则。在21世纪初自行车产业格局发生了重大变化。巨大集团（捷安特品牌）的董事长找到美利达的董事长并达成共识：非常时刻，竞争先放一边。他们认为竞争对手也可以合作，于是A-Team自行车协会联盟得以成立，这依赖于公司高层坚定的信念。虽然高层战略已经确定，但得到各自员工的认可并不容易。双方需要共同实践相互磨合，需要花费半年甚至更长的时间，让彼此之间可以去掉戒备。

【1】刘金标口述，尤子彦著. 没有唯一，哪来第一[M]. 北京：中信出版集团，2016: 61.

【2】台湾中卫制度的面面观. [2010.12]. https://wenku.baidu.com/view/5243fd8483d049649b665856.html.

其次，需要有一个"捆绑机制"，既有主动学习、共同分享等仪式性的活动，更重要的是，还要有"中卫组织"作为润滑剂，从第三方服务的角度起到很好的连接作用。捷安特董事长本人是丰田精益生产的推崇者，学习三十年依然"初心不变"。在创立A-Team的同时，为了更好地在整个联盟体系中导入丰田生产方式，特别引入了丰田汽车在当地的公司与中卫发展中心组织进行辅导。"中卫发展中心"这样的机构，就起到了"灰度创新大使"的作用。这就意味着，除了订单上的连接，这样的联盟机构找到了一种能够维持多方携手前进的参与方式。

即使是安全领域也是如此，在1997年就开始实施工业安全中卫体系，建立了一个生命安全健康共同体的概念，即由中心工厂（大型企业）协助并要求周边卫星工厂共同面对企业安全卫生状况。每个中卫体系中，一个中心工厂至少要帮带10个卫星工厂。工业管理部门负责监督整个体系的运作情况。而诸多中介机构，如工研院环境与安全卫生技术发展中心、中技社绿色技术发展中心和产业服务基金会等单位则作为管理部门采购的指导机构，具体指导体系内所有成员来推动工业安全卫生，而由中心工厂督促卫星工厂落实工业安全卫生工作。

共同学习先进的制造管理经验，无疑是机床行业发展的一个重要推手。中卫发展中心对于丰田的精益生产等多种旨在提升卫星工厂现场力的做法了然于心。在M-Team联盟中，中卫发展中心会推动进行各种内部训练与学习，包括质量管理、精益、5S知识、生产计划与管制，相互观摩和探讨。与此同时，还专门聘请日本的专业顾问进行辅导工作。其成员也前往其他不同的产业进行异业考察学习，对于异业之间管理要点共同观摩、共同归纳，从而形成一种群体创新思想的碰撞，大大加快知识流动的速度，而且因为竞争而产生相互追赶意识。这意味着，机床行业可以摆脱以往竖起高墙相互提防的局面，走向共学共生的发展道路。

以学习和实践丰田的TPS（丰田生产方式）作为企业间灰度创新的连接线，企业间互相开放、互相观摩。这种合作，一旦打开心扉，就会产生巨大的能量。它不仅提升了卫星协力厂的效率，对中心工厂也带来了很大的提高。以台中精机为例，通过创新的伙伴合作模式，产品交货期从原来的22天缩短为4天，大大提高了当地机床产业的竞争力。随着品质的提高，多数卫星工厂能够满足整机厂的免检要求，零部件也随叫随到，形成了一种流畅的联动关系。

2013年，自行车A-Team联盟组织进一步确立文化[1]，建立制度，确定清楚的游戏规则，在组织制度中明文规定进退场机制。加盟的条件很有意思，那就是该工厂必须已经推行精益管理一年以上，才能受推荐加入。同时A-Team联盟还建立了一定的评价制度，优秀者可以优先获得订单。必要的约束也是健康的护栏，如不能相互挖墙脚等规则也明确写在组织制度中。

同业合作往往是最难的事情。然而良性循环的节奏一旦确定，整个机床行业就会变成一个学习型的组织。M-Team联盟会定期举办改善成果分享会，交流过去成果的验收及面向未来发展的基础，通过分享会联盟成员间相互学习、交流经验与研讨案例。由于新兴市场的不断崛起，面对竞争对手的蚕食，M-Team就是要在夹缝中争取出一片属于自己的新领地。这种"中卫模式"对工厂的代工生产方式是非常有利的。当接到外部客户订单时，如果中心工厂做不完，就会分配给其他的卫星工厂，共同完成订单，并且保持着稳定的价格和利润。

就本质而言，中卫发展中心其实是一个知识服务提供商，通过提供全面3T管理（质量管理、精益管理和生产方式管理）的辅导型服务，使参与

【1】 徐谷桢. 经济日报/C11版/自动化专辑（转载）. [2013.07]. http://29009.site.booen.com/article.php
?articleId=106052&articleAction=display.

中卫体系的大中小企业，形成了企业管理文化的认同感，同时对企业起到了"强身健体"的作用，大大降低了企业之间的合作摩擦。这种知识服务的背后，也有管理当局苦心扶持的身影。这种知识服务，必须要由管理当局来以"服务购买"的方式提供给企业。中卫发展中心通过竞标政府项目来获得采购服务的预算，而这种收入比例，能超过中卫发展中心总收入的50%以上。

中卫发展中心这种精心设计的呵护机制，对当下我国急需升级的产业集群来说也是值得借鉴的。

中国的产业集群需要重新考虑如何通过一种网络式的连接，让企业之间形成特殊的互动关系。但跟简单的供应商关系不同，灰度创新要求双方都能输出知识、相互反馈，从而形成一种共同提升的创新模式。这个时候，必要的纽带是不可少的。中卫体系，通过统一对精益生产、质量管理的实践追求，从而形成对企业有价值的过程创新。而信息透明和共享，则无疑增加了各方的信任，使参与者能够以更低的交易成本完成合作。

我国现在面临着某些低端产业集群急需升级的状况。例如"中国电饭煲之乡"廉江有600多家企业，电饭煲、电水壶年产销量占全国的30%，但2018年规上家电产值仅为133亿元[1]。这里企业的产品同质化极其严重，100家企业中可能有95家生产差不多一样的产品。五大龙头企业的销售额有5亿元，利润却不足1000万元，利润率仅为2%。

同样，在全国最大的起重机生产制造基地——河南长垣县产业集聚区，50吨以下起重机销量占全国市场份额的70%。经过几年的市场洗牌，制造商有将近100家，主营业务收入合计百亿元。而在江苏常州的郑路镇，

【1】 唐敏, 吴涛, 宫超. 廉江小家电产业基地生死抉择[J]. 瞭望周刊, 2019(10): 32.

这里聚集了400多家干燥设备生产厂，集中了全国2/3的产能，但营收过亿的厂家只有2个。这些地区的企业之间相互挖墙脚的现象多发，简直是"互为红海"。这样的产业集群，很容易形成一种区域制造的"沙土文化"：看似相互挨着，但捏不成团。这是一个无法靠产业集群自动升级的苦局。正所谓"低端产业模式，容不下高端产品"。

如何将这种自由发展的竞争，重新进行组织上的连接，发挥组织之间的健康互动（避免相互盯防的恶性行为），实现共同土壤上的合作创新，是中国许多产业集群需要思考的问题。

在中心—卫星工厂体系中，无论是自行车行业的A-Team，还是机床行业的M-Team，都代表了区域创新的一种思路："一横一纵一交叉"。横向是更加紧密的供应链体系，纵向是对卓越制造经验的追求，而交叉点则意味着需要有成熟的第三方服务的连接。中卫发展中心作为中卫体系的一个重要支撑，通过其顾问作用，打造灰度创新的重要支撑体系。最终的结果，会使地区成员间相互靠近，成为具有共同创新意识的伙伴，并且整体提升区域集群的质量。

在东莞，随着大量机械厂进驻，中卫专业辅导机构也随之落地。落户在东莞的台达，早在2006年就已接受中卫的辅导。而中国台湾相关协会的转型升级联合服务处也在2009年落地东莞，汇集了十多家专业辅导机构，包括"中卫发展中心""电电公会""生产力中心"等，为当地企业提供辅导服务。

值得注意的是，中小企业单独组成网络，很容易产生"竞争大于合作的现象"。只有中小企业抱团的同时，也与大企业一起抱团，在分工结构里面才能增强供应链的效力，真正发挥协同制造的价值。

2012年，河南长垣县产业集聚区起重机整机生产企业由133家减少到105家，70多家中小企业与骨干企业签订了重组协议。2018年全国通用桥门式起重机企业超过10亿元产值的不超过10家。长垣起重机行业面临着巨大的挑战，产业升级形势依然严峻。而廉江家电，看上去似乎也有了新的主心骨。2018年11月，由珠海格力集团与当地的家电小龙头企业牵头的广东省小家电智能制造区域创新中心正式启动，这意味着廉江家电有了"大手拉小手"的模式。然而，产业集群正在整体升级，还需要更多的努力。

作为区域经济集聚的产业集群，并不是先天性地具备抵御外部风险的能力。而"中心—卫星工厂"体系，提供了一个"灰度创新"群落的样本。这个样本表明只要有合适的制度设计，合作创新完全可以发生在竞争对手之间，而且在传统产业集群面临升级换代之际，使集群萌发焕然一新的气息。

/ 第五节 /
行业细分工导致大量的灰度创新

一个行业的标准化、模块化程度是灰度创新土壤的"pH值"试纸。行业标准化程度，是人类集体参与活跃度的一种体现。如果一个行业的发展是一种共享知识、吸收众人智慧结晶的方式，那么这个行业就会更快速地发展，就会出现大量的灰度创新。汽车、化工都是灰度创新最为活跃的行业。

化工行业是一个历史悠久的行业，早已形成了非常细致的专业分工。

例如，在美国新建化学工厂的时候，化工企业会雇佣专业的工程公司来设计新厂房，一个化学工厂的单厂造价，有可能会达到数十亿美元[1]，任何一个化工企业都不会自行建设工厂。在美国，无论是体量巨大的埃克森美孚（2018年以2800亿美元排名美国制造第一名[2]，其中化学品部分大约340亿美元排名第7），还是以化学品销售额860亿美元排名第一的陶氏杜邦公司[3]，都会跟工程公司进行合作[4]。双方需要进行充分的交流，才能进行一个新工厂的建设。

更加专业化的分工来自半导体行业。一个年产120万片产品具有12英寸7纳米技术的晶圆厂，一次性建厂投入至少要180亿美元。一个工厂能够如此之重金投入，是高度分工导致的结果，也意味着它必然对链条上专业分工的其他体系形成高度依赖。那么，这个最精密的制造体系，如何能够实现？

在半导体行业发展的早期，20世纪60年代，半导体的设计、开发、制造多是一体化的，早期IBM纵向生产研发大型计算机的所有设备就是最为典型的代表。在那个时代，看得见的"制造"，或者说，硬件代表了一切。像软件、服务那些看不见的行业，缺乏存在感。

当时的计算机行业都是大型机的市场，而各种设计工具软件，无一不是跟硬件绑定在一起的。在航空领域早已享誉盛名的法国达索系统的CAD软件，在很长一段时间内，基本都是借助IBM的计算机渠道进行销售。

【1】 Henny Chesbrough 等编著，虞喜林译. 开放式创新：创新方法论之新语境[M]. 上海：复旦大学出版社，2016: 238.

【2】 美国2019年制造业Top500名单. 美国工业周刊(Industry Weekly)，2019.

【3】 2019年全球化工50强企业排行榜. http://baijiahao.baidu.com/s?id=1640684347407290302&wfr=spider&for=pc.

【4】 2018全球10大石油工程公司排名出炉，有两家中国公司上榜了. http://www.sohu.com/a/259520104_188371.

尽管软件给硬件带来了创造新价值的机会，丰富了编程人员的工作乐趣，但它销售额很低，而且处于严重附属的位置。直至小型计算机和PC机的出现，硬件和软件开始逐渐解耦。这种解耦，形成了全新细分的市场，许多来不及转身的软件企业纷纷倒下去了。而快速转向独立发展的第三方软件，则得到了飞速的发展。工业软件逐渐成为一个完全独立的行业，这个行业主要是在美国和欧洲尤其是法国得以快速发展。与此同时，整个半导体行业，也开始出现类似的分工体系。

在20世纪70年代，英特尔等芯片和元器件制造商，开始崛起。那些不知名的产品制造商，也可以开始采购零部件，进行独立的组装制造，制造部门开始从企业内部被分解出去。在半导体行业，这种进化更为彻底。类似台积电这种不做设计专门做电子制造的企业开始出现，并以代工厂（Foundry）的名义独立运营。由于与生产做了很好的切割，芯片设计公司得以独立，成为一种完全轻资产的Fabless（无晶圆厂）企业。一系列公司如美国博通、高通等开始崛起。而专注于做底层架构授权的英国ARM公司，也得以飞速发展。整个产业链似乎像一根甩出去的渔竿，原来挤在一起的节点，被逐渐展开。2018年全球IC设计产值达到历史性的1094亿美元[1]。仅芯片设计，就创造了一个1000亿美元级的市场[2]。在整个市场中，头部效应过于明显，全球十大厂家占据了80%的市场份额。同样在晶圆制造行业，也出现了类似的情况，这也是一个千亿美元级的市场。2019年全球集成电路晶圆制造代工收入总值逼近700亿美元大关[3]。其中前十家企业的销售占比达到了96%，而其中台积电独占50%的份额。与此同时，封装与测试领域也都纷纷成立了独立且专业化的公司。

【1】 根据市场研究机构DigiTimes Research发布。
【2】 全球十大芯片设计公司排名：海思飙升至第五与联发科一步之遥. [201903]. https://baijiahao.baidu.com/s?id=1629314807460819125&wfr=spider&for=pc.
【3】 2019年第一季度世界集成电路晶圆代工前十大企业排名. http://www.elecfans.com/d/895703.html.

就制造技术而言，每一个制程的进步，看上去都是晶圆制造厂的胜利。50 年来摩尔定律一直有效，芯片制造商的战略规划似乎一直很轻松，只需要按照简单的比例就可以判断下一个制造工艺，一个浪头接一个浪头的逐步推进。晶圆制造厂是这个浪头的引领者，每一个制程的进步，看上去都是晶圆制造厂对于工艺、材料、化学、传热等制造细节上的突破。但在这背后，却是晶圆制造厂、芯片设计和电子设计自动化软件（EDA，Electronics Design Automation）三者协同推进的成果。摩尔定律的演进，伴随着诸多不可预知的物理问题，每次看上去山穷水尽的时候，或者是材料或者是结构（如 FinFET）总会带来制程上的突破。而任何一代最先进的制程工艺节点，有三个条件缺一不可：代表最先进制造生产力的晶圆制造厂、奇思妙想的 Fabless 工程师，以及具有丰富的数学与工程经验的 EDA 设计团队。

对于芯片设计行业与晶圆制造厂而言，EDA 是连接两头的关键，就像是一个哑铃的中部手柄。代工厂一般有一个工艺设计包，采用工厂的语言来定义一套工艺资料，而芯片设计则进行版图设计。二者底层的基本工具都是 EDA，起到底部的串联作用，连接着双方的数据流。随着芯片的密集度越来越高，数字芯片中标准元器件的数量已经达到上亿数量级，这也意味着 EDA 算法是真真正正的超级密集数据计算，最优结果的获得与以往的经验有着很强的相关性和依赖性。台积电在进行先进的制程如 5nm、3nm工艺打磨的时候，一般都会采用顶级的 EDA 软件商如 Synopsis、Cadence等几家企业的软件，基本上不会给小企业接触先进工艺的机会。而正是靠着晶圆制造厂提供的大量测试数据，这些顶级的 EDA 公司才有机会将工艺细节下的物理效应作为自己成长的黑土，进行有效仿真，实现高精度模型化。而其他无法获得这些数据的软件企业，则很难成长。只有芯片设计公司具有特定要求或者施加压力，晶圆制造厂才有可能会专门为其他小 EDA

企业进行工艺包的开发，才可能会开模制造。另外芯片设计公司如果联合起来使用某种EDA的软件，能够形成一定的芯片用量，也会使晶圆制造厂愿意为此投入精力。

这是一个密不透风的合作阵营，三者的合作几乎无法分开。

📑 案例：工程机械代理商天远的多维度灰度创新

灰度创新可以在多个维度上展开。比如位于河北省石家庄的天远科技有限公司，最早是工程机械的代理商。在20多年的发展过程中，陆续跟工程机械主机厂、通信运营商、发动机生产商、银行、数据分析公司等，建立了广泛的合作（见图4-2）。大家都有各自的边界，但寻求一种能共享的知识交换则是一种事半功倍的创新方式。即使在一个企业内部，技术、销售、研发之间的壁垒都很强，需要糅和在一起才能事半功倍；而在外部，更需要合作双方界定好各自的框架，并且在文化匹配上做好准备。

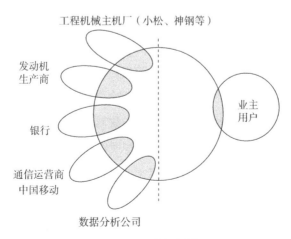

图4-2　天远的灰度创新

这需要经营者拥有一种开放的心态。

◆ 代理商启动游戏按钮：联手通信运营商和工程机械

天远是中国最早涉足工程机械通信的企业之一，其创始人可以说是中国第一代的打码通信兵。在这位创始人看来，世界成长史就是一本通信史，从烽火台，到百里驿站、鸡毛信、鸽子送信、电报、电台、电话，到GPS、手机和现在的5G，核心要求是速度快、耗能低、可编码解码、防失真等。它也基本符合人类追求发展的基本规律：在最短的时间做最多的事情。

天远1999年开始将部分业务引入通信领域。

卫星通信已经从模式和性能上验证成功，但价格偏贵。天远当时是美国铱星公司的中国总代理，装机量上千台。尽管已经对各种品牌机型都做了实验，但最终只能应用于矿山的大型设备。因为这类设备比较贵，一次装机数万元，每年通信费数千元。能够享受这种"流量待遇"的设备，对当时的中国来说太奢侈。

但这是一次对于机器数据的大胆尝试。工程机械的物理世界，正在初步出现一个虚拟的信息控制器。大哥大手机出现短信服务，天远抓住这个时机，利用短信双向互动的机制，可以一次传递144个字节。这样，就把机器每半小时的状态信息，通过边缘端汇总一次，发回给服务器（也就是现在的云端）。这些服务器都由天远来看管，当时是通过人的大脑分析、过滤，再发回指令，经PC机发给服务器，再发给中国移动的卫星互传，最终传给天远的地面终端。

当时短信服务费相对较高，通信成本太高，一条短信144个字节，一个小时传一条。要传回挖掘机的有价值的信息，光有信息压缩还不行，还必须得进行筛选，留下最有价值的数据，因此当时都是采用汇编语言和单片机进行处理，然后回传结果。这应该是当前热门的边缘计算的前世情缘了。这种节俭式创新（采用最有限的资源实现创新突破），也让人想破脑袋去搞清机器运行的机理，以实现最优的数据处理。

这些信息包括开关机时间、位置坐标、带时间戳的发动机故障代码等。有了这些信息，就可以完成许多功能。这也受益于中国在当时尽管有不同的电信运营商，但却都能够实现全国连通——也被称为地面网。这也使移动式的设备能够相互通信，在需要控制的地方可以产生各种连接。与中国工程机械控制的飞速发展不同，日本的工程机械远程控制没有得到很好的普及。由于在20世纪90年代日本各地的通信体系彼此之间网络不通，这种分割，也阻碍了工程机械联网系统的发展。而在中国的工程机械市场，通过代理商的撬动，打通了电信运营商的数据交互机制，先行实现了数据对机器的远程管控。

这种合作也是源于工程机械厂商的大力支持。小松积极开放各种协议，与天远共同研究如何更好地表述机器故障和实现控制策略。而在这个过程中，制造商也受益匪浅。通过数据的分析，天远发现在工程机械多达500万次的故障报警中，只有0.18%真正达到了需要上门维修的程度。这对于机械厂商来说，是一个全新的发现。这意味着前端设计的故障代码库需要换一个视角重新去描述。

在20世纪头十年，工程机械的售后服务标准一般都是2000小时。至于为什么是2000小时，很少有人质疑。而天远通过对河北地区销售的挖掘机进行分析，发现只要正常保养，在1万小时之内出现停机等大型故障的概率只有3%。于是天远2009年售卖小松工程机械的时候，开始提供将售后服务延长为1万小时，只需增加2万元的保险。这在当时甚至引起许多品牌商的非议，认为这是不平等竞争。而在六七年之后，小松终于开始推出1万小时的售后保修服务。代理商的行为，变成了工程机械厂商的标准，这是一个相互影响的过程。更明显的转变还在于组织的变化。天远对数字化的管理，都是对各种工程机械实现全员机号的管理。在从中发现了明显的好处之后，严谨的小松也开始积极行动，2018年小松在东京成立小松机号管理部，并且将其原有的康查士可视化系统的数据也整合其中。

这是一个相互启发共同成长的过程。

◆ 嫁接金融引入工程机械

天远最早涉足工程机械的通信，始于对GPS的应用，叫作远程控制，后来被称为互联网、物联网，并发展到当今的工业互联网范畴。

这个短信控制的发展路径，并没有形成气候。直到后来，出现了远程锁车系统，成为工程机械与网络结合的一个切入点。这个系统最大的特色是，当租赁方欠款未还的时候，设备可以自动锁车。令人匪夷所思的是，这在当时成为需求量最大的功能，即使到了现在，这依然是一个十分流行的功能。

该系统的兴旺发达，发生在中国20世纪90年代末。这是天远作为一个代理商，与下游业主用户面对设备经常被盗失而共同研究出的对策。一种全新的基于数据的机器控制手段出现了，从而可以用技术方式去解决问题。可以说，这是一个工程机械租赁商与广泛的业主用户之间，斗智斗勇的产物。而破坏机器的现象也时常出现，很多车锁经常会被拆掉。当然，也会出现误锁车事故，这是技术上迫切需要解决的问题。就像共享单车在2016—2017年的时候，经常有大量的自行车被粗暴地损坏甚至丢弃到河里。这是新生事物所必然要付出的代价。

2008年"世界金融危机"发生，雷曼兄弟倒闭后，美国出现了大量的呆账坏账，这使美国工程机械界也开始意识到锁车的重要性。而这个时候，中国的工程机械所面临的信用问题，已经有了大幅度的改善。

2002年之前，金融行业一般只给固定资产贷款。尽管工程机械价值很大，但由于这种设备是带轮子的，是可以"跑路"的，因此往往属于风险极高的资产，一般银行不会对此进行贷款。然而，有了天远的GPS锁车技术，一些银行开始有了信心。石家庄的光大银行决定开始尝试这种新鲜的方式，于是开始与贷款企业商讨，制订了详细的信用额度与贷款计划。这期间，银行需要详细地了解工程机械自身的使用特征、损耗特性，更重要的是业主的行为特点和使用状态分析；而天远作为合作方，则提供了详细的短信发送机制、锁车保障机制和健康数据的分析。

在银行对卫星和短信的并行验证后，光大银行开始从石家庄进行局部试点，并随后在同业内率先推出了独具特色的"阳光一生"——"总对总"工程机械按揭贷款业务。这也是中国金融首次正式进入工程机械行业。而在短短的五年时间，光大银行累计发放工程机械按揭贷款金额为215亿元，为企业实现销售收入307亿元，同业占比达到70%以上。而到了2010年，光大银行工程机械按揭贷款金额则调升到800亿元，占据60%的市场份额[1]。随着业务的发展，光大银行跟工程机械厂商和协会走得越来越近，甚至会去参加工程机械展会，了解用户市场，在风险可控的情况不断完善产品种类。工程机械产品金融链业务，已经成为光大银行中长期业务中的重要一环。即使到现在，光大银行也是全国工程机械贷款规模最大的商业银行。

【1】 光大银行按揭业务助推工程机械行业快速发展. [2010.08]. http://www.dzwww.com/finance/sdceb/sdceb_ygzx/201008/t20100817_5769784.html

◆ 与康明斯共同开发锁车系统

2008年天远与康明斯发动机合作，共同开发一种全新的锁车方式，可以与发动机相连，从而使车锁不可拆卸。由于小松的发动机是由小松和康明斯的合资工厂生产的，所以小松的工程机械，基本都采用了这种无法拆卸的发动机锁车。在2008年到2012年期间，虽然小松工程机械的销量有所下降，但由于资产保障机制安全，整个资产运行和现金流反而是最好的。除此之外，天远还跟康明斯一起，共同开发司机驾驶行为分析软件等。由天远研发系统软件，共享知识产权，全球的程序都采用标准配置。

目前，这种合作还存在着排他性，天远尚不能跟非康明斯的发动机厂家合作。然而，这也是未来工业互联网正在推动工程机械走向更加开放的空间所必须面对的问题。品牌的数据，如果无法跨界，势必会阻碍工业未来的发展。发动机厂商也会逐渐意识到，不开放系统难免会走入死胡同。

从天远的案例可以看出来，灰度创新也是一个流动性的组合。在需要的时间和位置可以合在一起，而在解决之后就可以分开，等待下一次需要再次聚合。

第五章

Chapter 05

企业如何推动灰度创新

创新经常被误解为：只有源头上的技术突破才是真正的创新。这源于国内对熊彼特创新理论的误读。国内常常把熊彼特创新理论归结为颠覆性，这使人觉得创新的门槛非常高，好像只有颠覆性才是创新。因此，许多中国的企业都觉得自己并没有什么创新。这种想法，极大地抹杀了一个企业在推动创新上所发挥的巨大作用。

/第一节/
大型企业的创新：从一体化到中央基础实验室

福特以使用大规模流水线技术而闻名。它在1917年建造的胭脂河工厂，简直就是一个独立的生产王国。那里生产钢铁、焦炭，甚至肥皂。然而这并不意味着，这是一种大而全的浪费。实际上，福特尽可能地做到循环利用。其他企业提供的运输包装的木板，最后都会不见踪影。它们去哪里了？答案是：成了汽车上的门把手。对原材料的"吃干榨净"，是循环经济倡导的一种最朴素的理念。

福特流水线时代，似乎并不需要太多的社会化分工。只要生产规模足够大，企业内部分工足够细致，基于现场的创新就会源源不断地喷涌上来，生产效率也会不断提高。

这一模式，深刻影响了后来的美国制造业。在整个20世纪的绝大部分时期，许多创新来自大企业的产品开发部。这个时候，最典型的代表是中央基础实验室。中央基础实验室肩负着从科学理论的发现，到工艺技术的提升，到最后转化为产品批量生产的使命，这是一个全链条的最高效的生产线。根据《重塑制造业》一书的看法，在20世纪50年代中期，基础研究和商业利益几乎"合二为一"。这些企业利用自己的财力完成开发、工程化和大规模生产。从实验室到原型机，再到工厂生产，都不需要外部的合作。杜邦公司有着雄厚的财力，也忍受过在获得商业成功之前对科研成果的漫长等待。杜邦公司花费10年的时间，才把杜邦公司科研人员所发明的长链条分子开发成长效的尼龙袜产品[1]。可以说，当下高科技创新企业所碰到的设备问题、融资问题、应用场景问题，在当年集团级垂直一体化的时代，都完全不是问题。

然而，到了21世纪前后，基于基础实验室与制造的前院后院模式开始失灵。这条曾经无比高效的生产线，逐渐变得昂贵无比。

知名的贝尔实验室在1998年AT&T一分为三之后，归为阿尔卡特朗讯公司，从此走上平庸之路。而2012年，阿尔卡特朗讯公司则正式把贝尔实验室在霍姆德尔的基地推倒，开发了一个地产项目。这犹如将一个巨型佛像轰然推倒在地[2]，一切都结束了。杜邦公司早就开始不断削减实验室的规模，在2016年，基本解散了中央实验室。曾经被封为圭臬的GE中央实验室，也在2017—2018年遭受重创。

属于垂直一体化的黄金时代，似乎已经过去了。那么，没有了中央基础实验室，企业的创新源头，又从哪里来呢？

这个问题也不难回答。一方面，大型企业加紧了对小企业、创新企业的并购，从而快速获得新技术的入场券。这些初创企业背后是由大量的投资基金提供的另一种渠道的资金支持。另一方面，很多美国企业把视线转

【1】 Suzanne Berger著. 廖丽华译. 重塑制造业[M]. 杭州：浙江教育出版社，2018: 57.

【2】 Suzanne Berger著. 廖丽华译. 重塑制造业[M]. 杭州：浙江教育出版社，2018: 58.

向了财力雄厚、基础研究扎实的国家实验室和大学。像杜邦公司，就积极地与美国能源部的可再生能源实验室进行联合开发。它在纤维素乙醇方面的早期研究，正是吸收了上述国家实验室的成果。受到这种甜头的鼓舞，2003 年，在一个玉米综合性生物炼制工程上，美国能源部投资了 2000 万美元，杜邦公司随之同步跟进，投入的资金远超过这个数字[1]。

中央基础实验室的没落，意味着大型制造业的创新机制也在发生变化。它使制造企业与源头研发机构之间的灰度创新得到了强化。

而对于高风险行业，即使是寡头市场的竞争对手，也不是在所有的战线上都是你死我活地拼杀。寡头市场的玩家们也找到了竞合创新的手段，航空发动机市场的灰度创新就非常典型。

发动机行业就是一个典型的高风险行业。三大航空发动机巨头，美国的通用电气公司（GE）、普惠和英国的罗罗基本垄断了市场。由于发动机研发存在着变幻莫测的巨大风险，可以说每次新型号的研制都是一次胆战心惊的赌博。一般而言，飞机制造公司每开发一种新机型，往往只能配一种发动机，一家发动机生产商赢，就意味着其他家输。尽管彼此是竞争对手，但为了分担成本，合作也变得很常见。GE 与法国的斯奈克玛各持 50%股份的赛峰集团开发了最为畅销的发动机 CFM56；由罗罗和普惠牵头的国际航空发动机公司（IAE）开发了畅销机型 V2500；GE 和普惠各持 50% 股份的发动机联盟公司为空客 A380 配套，以及罗罗和 GE 组建了面向 F35 的发动机等。这些经典的合作案例，也显示了 21 世纪发动机业务发展的模式。

而作为为这些发动机提供配套的厂商，如德国的 MTU、瑞典的沃尔沃、日本航空发动机公司（JAEC，由三菱、川崎和石川岛播磨组成）等，

---

[1] Suzanne Berger 著. 廖丽华译. 重塑制造业[M]. 杭州: 浙江教育出版社, 2018: 75.

也都被拉入航空发动机三巨头的阵列中，成为风险共担的合作伙伴。他们也会对发动机的研制进行投资，盈利时分享利润，有时需要待发动机投入运营多年后才能收回成本[1]。这种深度的合作关系，形成了灰度创新不可动摇的保障。例如，三十年前投入使用的V2500发动机，目前在役规模为6350台[2]，将产生越来越多的维修需求。而MTU作为全球最大的V2500大修服务供应商之一，2017年其该型发动机维修创下了历史新高，其中维修业务获得了超过37亿美元的合同。这也是作为合作伙伴的重要利润来源。

那么这种合作，如何克服陌生，甚至是敌对的文化？以普惠和罗罗联手创建的IAE为例，罗罗和普惠各持有30%的股份，日本JAEC持有23%的股份，德国MTU持有其他股份（意大利菲亚特后来退出）。大家各有分工，如德国MTU负责低压涡轮，日本JAEC负责风扇和低压压气机。IAE公司的170名员工全部由各个伙伴公司派出，这种多国团队的合作，当时没有人看好。

普惠公司总裁意识到了灰度创新存在的障碍，因此他在为IAE公司挑选员工的时候，非常注重选择具有合作意识的员工，只有能够认同融合文化的候选者，才能成为IAE的员工。这个时候，那些过于强调自己是普惠、罗罗、MTU出身的员工，反而会首先被排除在外。显然，参与者必须有足够的攻关激情，在讨论发动机采用何种类型的时候，新公司采用了高强度融合的方式。二十七名工程师被关在会议室里，要求将问题搞定。一起办公、讨论、争辩不到三天，这些人就已不再区别他们是从哪个公司来的，剩下的只有相互称赞和欣赏。这种消弭了企业文化边界的新团队，不负众望地开发出了新型的双转子、轴流式的高涵道比涡轮风扇发动机，并且在

【1】 Mark P. Sullivan著. 乔俊山译. 可信赖的发动机: 普惠公司史话[M]. 北京: 航空工业出版社, 2013: 100.
【2】 V2500发动机维修市场将在2020年达到峰值. [2018.01].http://www.sohu.com/a/235145081_614838.

1989年5月投入空客A320的运营中，这款新型发动机在运营中表现突出，获得好评。

这个由多国团队开发的发动机，其成功的因素有很多，合作文化是其中重要的一环。聚焦在寻找同一目标答案，而非强调组织结构，对于文化趋同和身份认知至关重要。这是彼此逐渐能够产生信任，从而形成合作创新的关键。

/ 第二节 /
灰度创新是一个组织对负熵的引入：
know-how 到 know-who

熵，本来是表达热力学上不可逆过程的一个重要概念，按照热力学定律的"熵增加原理"，孤立体系中实际发生的过程必然使它的熵增加。这一热力学概念的极限推演，就是"热寂说"：如果将整个宇宙当成一个孤立系统，那么宇宙的熵会趋向极大，最终达到一个终极的热平衡状态。换而言之，宇宙任何一个地方的温度都相等。由于事关重大，这也成为科学界、哲学界争论了上百年的命题。熵增，也就是秩序的最终混乱，这是一个自然的结果。现代通信的鼻祖、信息论的创始人香农，最早将"熵"引入信息论，作为不确定性的量度。而信息，则是用来对抗"熵增妖怪"的法宝。

对于宇宙这样一个庞大的体系，走向无秩序是全部时空的使命总和。对于一个企业而言，在不断的发展过程中，熵增同样也是一个正常的现象。创新，正是一堵抵御混沌的防护墙。

由于熵增的基本条件之一是需要一个封闭体系，因此从外部引入创新，可以被理解成一种负熵机制。正如生命体要想抵抗死亡，就必须摄取外部生物能，这就是生物负能的引入。诺贝尔奖得主、物理学家薛定谔在其1944年的著作《生命是什么？》一书中，借用了这个概念，提出生命体靠摄取负熵来减少或保持它的熵。

同样的概念，其实也可以适用在一个组织里。在合适的时候，对于一个企业而言，有意识地引入外部人才，引入负熵，可以防止企业出现熵增失控的局面。

从2006年到2009年，为了能够与国际家电品牌进行正面交锋，并建立零中心库体系，海尔在其公司内部开展了"1000天流程再造"的行动，意在打破信息化孤岛的局面。流程再造要想打破既有的烟囱视角，一定要跳出"身在庐山中"的局限，从外部打开脑洞，获得更多的洞察、启发和支撑。因此，海尔从一开始就请了多方团队，包括IBM、HP等知名公司团队，来提供各种咨询方案。为了落实这些方案，每个部门都搭建了自己的"1+1+N"团队——这是一种全新的人力资源组培模式，由一个海尔内部负责人和一个外部机构的专家，再加上若干成员组成，从而形成一种内外交融的力量。在这场千日大会战中，差不多需要打通600多个信息孤岛，完成2000多个流程的构建，从而建立一个与用户零距离的零中心库存体系。而这场意在清理叠床架屋的信息系统的战斗，最终演变成了一场针对组织、流程和人员的攻坚战役。通过组织架构的变更（47个部门改成六大集团）、流程业务的打通（梳理数千个流程）和对员工技能的重新培训，海尔才真正地形成了一个信息自由流通的系统。仅员工技能培训，海尔就耗费巨资聘请IBM公司建立了三大能力模型，员工技能清零再训后重新上岗，实现了人员与新型流程系统的匹配。通过大量借助外部知识，海尔实现了对企业内部信息资源的重新整合，在中国制造界率先实现了流程再造的新体系的构建，这也成为业界后来争相模仿的范本，也为后来的"人单合一"的精算体系和信息化系统的构建打下了良好的基础。

如果没有外部知识的灯源照进来，这样一个面向近10万人管理团队的庞大项目，是很难在三年时间内成功完成的。而如果将变革中的海尔作为一个系统来看，负熵就是不断引入的一种全新的知识体系，而外部连接的人，就是最好的载体。从这个意义上讲，找对人也是重要的一步。

英国石油公司内部有一个名为"connect"的知识和专业技能的目录系统，它意在寻找公司内部的知识型员工，从而快速找到可以解决复杂技术问题的最佳人选。这是一种类似"同僚互助"的基于人的检索系统，从"捕捉知识"到"连接正确的人"[1]。但这个系统只面向其内部员工，而灰度创新，则将服务转向了更大范围的外部世界。

瑞典学者Sigvald Harryson在1998年撰写的《日本的技术与创新管理：从寻求技术诀窍到寻求合作者》一书中[2]，提出如何从"know-how"转为"know-who"的问题。作者对丰田、佳能和索尼三家公司深入调研之后，认为日本企业并不擅长创造性的研究，但非常注重获取外部的知识支持。这意味着对一个日本管理者而言，精准地判断谁是知识的所有者——无论其来自组织内部还是组织外部——至关重要。这其实也是一种传统的获取知识的艺术，那就是"通过关系学习"。

【1】 案例：英国石油公司的知识管理实践和经验. https://wenku.baidu.com/view/787bc2c48bd63186bcebbcc5.html.

【2】 Sigvald Harryson著. 华宏慈等译. 日本的技术与创新管理：从寻求技术诀窍到寻求合作者[M]. 北京：北京大学出版社，2004.

2001 年美国礼来公司的 3 名科学家筹备建立了研发风险投资公司"创新中心"——InnoCentive，名称取自"Innovation"（创新）与"Incentive"（激励）两词。该公司通过网站邀请全世界的企业和科学家一起解决科学问题，最佳解决方案的提供者将获得优厚的现金奖励。InnoCentive 本意是解决复杂的科学问题，但它意外地成为一种发现人的网络。借助平台背后的专业合作伙伴（包括 NASA、宝洁公司、汤森路透、自然杂志等），如今 InnoCentive 的涵盖面早已超出了医药范畴，成为数百万科研精英参与的全球性交互式解决问题的平台。许多社区、工作室、竞赛活动等，都依靠这上面的人才资源，使社会科研能力得到充分发挥。正因为如此，InnoCentive 首席科学家认为其模式并不属于外包，外包往往是寻求最便宜的解决方法。InnoCentive 的模式则是让大家都能参与解决问题，真正形成群策群力的交互，灵感被相互激发。

这也表明了，重要的是找到人和找对人，这和 know-how 相比，有时会更加有效。

/ 第三节 /
中小企业的"三三魔咒"

中小企业正在努力跟上供应商的速度，实现灰度创新。然而它可以有更大的发展空间，这需要一种生态，让它变得不再孤独。

如果仔细观察周围的中小型制造企业[1]，会发现这些企业基本上都是"300人的规模，3亿元人民币的营收"，这是这些优质中小企业的黄金状态。然而很多企业在这个规模上被"困"住，这种现象可以称为"三三魔咒"。

在重庆两江新区、福建厦门、江苏常州等很多地区都能发现这样的企业。这些企业利润率都还不错，肯在工艺研发上进行投入。但整体销售额都徘徊在3亿元附近。一家在重庆做发动机零部件的企业，公司名称就叫"某某工贸公司"，命名方式还是二十多年前的思维。但是它正在积极为新能源汽车做技术储备，该公司研发了三种不同的工艺，以应对不同的汽车市场。其以投资千万元的高真空压铸，取代了铝合金的焊接，使工件具有非常好的工艺特性。而对氢燃料底盘电池组车身，该公司则采用了手工的方式，具有非常务实的态度。

许多中小企业缺乏技术助力，处于"无脊梁"的状态。他们对高校的技术几乎都持一致的否定态度，因为那些实验室技术，不要说离规模化、产业化，就是离工程化，还差得很远。以中小企业的研发能力，根本无法承接这样的技术。只有大型企业的研发"胳膊"够长，才能够得到上游的高校。而科研院所往往自己去挣钱，没时间去定制化服务中小企业。没有源头创新技术的引进，没有行业共性技术的支撑，中小企业难免就会陷入"三三魔咒"。

对于中低技术的企业而言，内部技能知识起到了部分作用，但没有想象中的那么大。由于缺乏内部研发能力，内部知识库也少有使用。而外部知识库反而起到了更大的作用。在2009年，超过60%的德国中低技术企业

【1】 注：按照《中华人民共和国中小企业促进法》的规定，中小企业的年营业额一般都在3亿元以下。规上企业则是销售额在2000万元以上的工业企业。

开展了与客户的创新合作[1]。相比研发密集型企业，供应商提供的信息和知识，对中低技术企业尤为重要，大大启发了中低技术企业的工艺创新，甚至可以称之为"供应商主导型"的创新。这正是灰度创新，其对于中小企业至关重要。对于这些中低技术企业而言，"联系和开发"比中高技术企业普遍盛行的"研究与开发"原则更为重要。

工艺创新，对于中低技术企业而言，比产品创新更占据主导地位。这体现了一种"工艺专业化"或"技术工艺专家"战略。在以高度自动化方式生产的标准化产品上更容易发现这类战略。即使中低技术企业在没有研发能力的情况下，仍然可以顺利地实现大部分工艺创新[2]（见表5-1）。

表 5-1　外部开发的创新方式占比

	产品创新	工艺创新
中低技术企业（LMTech）	15%	27%
中高技术企业（研发密集企业）	5%	10%

要打破中小企业的"三三魔咒"，方法就是寻找企业之间的合作与联盟，从而获得珍贵的创新资源。这是灰度创新的重要来源。它比单纯的研发外包——用金钱换知识，会产生更大的催化作用。尤其是在工艺创新中，供应商对于非研发密集型企业至关重要。

一个健康的生态，共性技术、知识共享、更多思想的交流，对中小企

【1】 Oliver Som, Eva Kirner著. 工业4.0研究院译. 德国制造业创新之谜: 传统企业如何以非研发创新塑造持续竞争力[M]. 北京: 人民邮电出版社, 2016: 27.
【2】 Oliver Som, Eva Kirner著. 工业4.0研究院译. 德国制造业创新之谜: 传统企业如何以非研发创新塑造持续竞争力[M]. 北京: 人民邮电出版社, 2016: 24.

业跳出"三三魔咒"至关重要。按下"灰度创新"的启动键,是中小企业的一条重要的"救赎之路"。

/ 第四节 /
中小企业与大企业的合作:蚂蚁和大象的联手

除了中小企业之间的抱团,如何与大企业合作,也是一条值得思考的路径。中小企业往往获得的资源并不充分,创新对其来说是很困难的。我们之所以感觉到很多创新来自中小企业,这纯粹是因为中小企业在数量上有压倒性的优势。

中小企业的内部研发,有时候反而会阻碍其发展[1]。中小企业一般没有资金支持,没有太多的经费,而且一直都在与生存做斗争。

在中国房车出口基地山东荣成,生产房车的康派斯公司的负责人提到:"中小企业每天起来想到的第一件事情就是生存"。这家成立仅3年就迅速成为国内房车领头羊的企业,深深懂得借力打力之道。

房车是非常小的一个汽车分支,目前国内年产值也就是50亿元左右。许多人可能想不到,山东荣成居然是面向全球的房车出口基地,每年约出口2万台房车到澳大利亚。工业互联网平台刚刚开始在中国普及的时候,荣成康派斯新能源车辆股份有限公司就开始与海尔COSMOPlat平台深度合

【1】 Stuart Crainer, Des Dearlove著. 李月等译. 创新的本质[M]. 北京:中国人民大学出版社,2017: 19.

作，将 海尔制造的精髓和"人单合一"的文化，深度地与企业捆绑，将自己的数据大胆地对外开放。康派斯是海尔工业互联网平台 COSMOPlat 的"超级粉丝"，平台思维已经深刻地融入其制造、采购、设计和生态实践之中。如此紧密拥抱并且坚决捍卫工业互联网的中小企业，具有十分难得的勇气。房车本身就是大规模定制的典型行业，借助于工业互联网平台，康派斯把零部件重新归类，将许多通用部件，如灶气台等，集中采购，然后再分配给其他房车企业，大大节省了行业企业的整体成本。这是一种全新的抱团思维，避开了传统利益冲突。荣成有4家整车企业和50多个零部件厂。而仅灶气台这一项，通过集中采购，每家企业就可以降低几十万元的成本，这可是实实在在的利润——因为这样的制造业在国外一般通过渠道商进行销售，在议价权方面是非常弱的，很难从产品价格上获得更多的利益。

更进一步的是，康派斯把海尔制造背后的精益思想，坚决地落实到工厂车间。在海尔中央水机的数字化工厂的现场，有"焊工精益道场"和员工日清区域，这是为了鼓舞员工的创新想法而设立的个人秀舞台，从而充分发挥员工的创造力，同时为新员工提供难得的学习平台。在荣成康派斯的工厂内，也将类似场景搬到了工厂车间的大门口，设立"创客区"，把员工对工厂现场的改造灵感都展示出来。一进门，所有人都可以看到同事的创意，这形成了一种现场感化的力量。

对技术和设备的投资其实相对容易，而要通过精益思想来改造人的行为习惯和业务流程，则要难得多。中小企业需要的恰恰正是这种触动"灵魂"的改造。对一个中小企业而言，往往没有机会认识到，精益与标准化是一个工厂最根本的要求。只有依赖于标准化、模块化、解耦，才能实现专业分工，从而推动知识的横向流动，跨组织的知识流动至关重要。经验表明，产业只有在能发表意见，也能决定标准内容的时候[1]，才具有最好的运作方式。如"二战"时期的手提投影机，最早的时候，都是军方将某一个机构给定的规格给到制造厂商，由于该制造规格要求和投影机的使用要求并不太一致，机器常使用两三次后就出现故障。"二战"后，多家摄影器材公司与技术标准协会共同制定规格，兼顾投影机的要求及业界的产业制造能力，到了20世纪70年代，所有的军方投影机都使用此规格。

海尔多年来对工厂的管理，就像对产品一样，进行了严格的标准化和模块化的分解。这种大规模生产所养成的习惯，借助于工业互联网的落地，对中小企业开始产生影响。像康派斯这一类中小企业的精益管理，也随之向大企业靠拢。在双方交互的过程中，先进的制造文化也在悄然落地。

更难得的是，这家小企业把很多数据公开出来，放到平台上，推动零部件的模块化和上游供应商的同步性。他们甚至在产业园区建立了新的厂房，免费为零部件厂商提供现成的车间，同时提供订单，提供模块化指导，来拉动零部件生产的同步跟进。这种线上共享数据、线下共推生产的产业群非常具有价值。

对于许多中小企业而言，工业互联网平台不仅仅需要技术和资源赋能，同时还要输出一种工业文化。这一过程，将和中国工业化的新阶段（精细工业化）进程一样，发展速度估计不会太快。这是一个需要双方共同合作的过程。

因此，学会启动创新网络，通过供应链网络上的知识传递，实现灰度创新是非常重要的。在个别情况下，也会呈现出特别的选择。例如，与大企业以特殊的"授权合作"方式，反向输出源头创新。

【1】 W. 爱德华 · 戴明著. 钟汉清译. 转危为安[M]. 北京:机械工业出版社,2016: 245.

　　《中小企业的开放式创新》[1]一书给出了一个很少见的例子，书中描述了小矮人如何与巨人搭伴飞的故事。飞利浦在 2010 年推出的电烤箱 AirFrier，可以用少量的油快速烤薯条，这一过程只需要 12 分钟。凭借着优良的"高速空气加热技术"，这款产品风靡一时，成为形象级产品。人们纷纷用它来烤制各种各样的东西。甚至美国脱口秀明星奥普拉也会炫耀一下用这款新烤箱烤出来的战利品[2]。而飞利浦也顺水推舟，借助社交媒体营销，创造了大量关于烤箱的话题，Facebook 上也有广大的社群在讨论它的用途。

　　这个小家电一开始是怎么设计出来的？

　　答案是：这是飞利浦从一个小公司通过授权"买"回来的技术。这家小公司如此之小，就像大象脚边的一只蚂蚁。站在家电巨人飞利浦公司的面前，几乎看不到它，因为它一共只有两个人，简直是超级迷你公司。然而这两个人，一个发明了技术，一个发明了商业模式。他们在反复验证这种通过机械式高速风扇加热的方式之后，终于在中国找到了一家工厂，使它最终成为一种可以展示的原型产品。

　　剩下的问题，便需要仔细掂量了。这家小公司，除了自己找钱去生产和销售，或者将专利授权给其他公司，还有什么别的方法吗？

　　匪夷所思的是，蚂蚁选择了把秘诀告诉大象。这是一个非常危险的举动。因为飞利浦一旦了解了技术并且确认这是一个可行的畅销品之后，它完全可以投入更多的精力迅速把这项技术再现出来。然而，市场的规则并不必都是如此你死我活。小公司同样可以靠着平等的条款来保障自己的利

【1】 Wim Vanhaverbeke 著. 朱晓明，崑喜林，曹雪会译审. 中小企业的开放式创新 [M]. 北京：中国财富出版社，2018：156.

【2】 https://www.usa.philips.com/c-m-ho/cooking/airfryer-xxl.

益。其实飞利浦一直在试图研发一种用来炸薯条的电烤箱，但其实验产品的加热效率都太低，因而迟迟未能上市。面对送上门来的礼物，飞利浦的成熟性就表现了出来。它认可了这项技术——因为它也挣扎过，失败过。飞利浦向"蚂蚁"公司申请了"优先参与权"，只用了三个月的时间，就完成了内部测试和评估，并启动了内部研发流程，制订了新品推出的计划。双方签订了排他性的合作协议。值得注意的是，这种协议也是一种"富矿协议"，它规定了当销量超过一定规模的时候，小公司也有可观的销售佣金。而规定期限的授权到期后，飞利浦有权决定以合适的价格，优先购买这种技术。这些规定充满了公平性和平等性，确保了双方合作的长久。该协议也给小公司留出了发展的口子。飞利浦只做消费者市场，小公司如果有意愿可以利用这种技术去开发企业级市场。

这意味着一个小企业和大企业，在进行技术合作的时候，可以制定非常理性的创新战略。这样的合作依赖着双方的信赖。对于飞利浦而言，这种对外的开放式合作，并不是突发奇想的新鲜之事。它有很多这样的案例，因此也不会为了一次利益而牺牲多年积累的声誉。而对于小企业而言，能够克制住"自己的孩子必须自己养到底"的执迷心态，通过协议让技术发扬光大，也需要一种健康理性的战略观，最后才能形成双赢的局面。

在《中小企业的开放式创新》这本书里面，还给出了另外一个不同寻常的案例。一个小企业如何利用帝斯曼搁置不用的技术，重新建立起一个全新的香精香料市场。这个小企业在经过艰难的谈判之后，说服了帝斯曼将技术拿出来转让并进行深度合作，最终一举建立了一个香精市场。然而无论这个小企业发展速度多快，它都会让自己公司的总部，跟一开始一样，始终紧挨着帝斯曼的化学实验室。随着其产品发展速度的加快，在最终推向国际市场的时候，这个小企业还借用了帝斯曼的国际销售网络。

这些饶有生趣的合作案例强化了一个观点：大量的核心知识是以人而非企业为单位进行存储的。大象与蚂蚁之间不同寻常的对话，是一个双向的知识流交互过程。看上去小企业在谈判中会处于劣势，但其实也不尽然，大企业也有很多软肋，而决策负责人所承受的舆论压力一般会更大。只有双方都坐下来，抱着灰度创新的开放式态度，认真倾听共享合作，才可能会得到超出想象的回报。然而，这种合作案例之所以让人觉得很新奇，是因为真正成功的案例还是很少。这种合作，需要任何一方都必须有热情执着的推动者，大企业一方更是如此，否则这种合作最后一般都会夭折。

其中值得注意的是，在小企业的灰度创新过程中，私人交情关系也往往扮演着重要角色，企业之间的信任是最不可缺少的要素。《中小企业的开放式创新》一书中也曾给出初创公司如何与大企业进行合作的指导原则，包括了解双方的战略匹配度、定义双方之间的"紧张区域"、以最大限度控制利益冲突、保护好初创企业的核心技术、确保对等谈判地位、围绕着未来的销售数量给出合理的提成空间等。最重要的是，初创公司最好可以定义多个活动空间以避免被大企业锁定在唯一的应用领域[1]。多思考和建立一些这样的合作原则，会使小企业在合作过程中，不一定就完全处于一边倒的下风口地位。

当然，风险也是存在的。中小企业与大企业的合作，如果过于紧密，可能会被并购，并且很容易造成小企业精髓的流失。美国一家航空配件公司被大企业收购之后，公司创始人感慨道[2]，"他们买走了公司的灵魂，接着就将其摧毁了。就像吃人兽那样，把所有东西都划分到各个部门中去，这样就把我们的创新活动截断了。"新鲜的活力，就被这样肢解了。对于中

【1】 Wim Vanhaverbeke 著. 朱晓明, 扈喜林, 曹雪会译审. 中小企业的开放式创新[M]. 北京: 中国财富出版社, 2018: 117.
【2】 Suzanne Berger 著. 廖丽华译. 重塑制造业[M]. 杭州: 浙江教育出版社, 2018: 137.

小企业而言，灰度创新可能会吞噬自己：它会让自己成为被并购的对象。但并不意味着，这就是一个坏消息。小公司与大公司之间经过灰度创新的打磨，最后进入并购环节而各得其所，也是一种很常见的商业现象。

/ 第五节 /
大数据时代带来的新命题

在数字时代，当人们打算拥抱数字技术这一强大的创新引擎的时候，数据量也出现了井喷式的增长。如果在使用数据时不进行选择过滤，人们会发现这里面的噪声更多。不同群体之间的信息量，都各自呈现爆炸的态势，只有双方友好合作，并且采取灵活的策略，才不至于将自己过载的信息推送给链条上的伙伴——后者也饱受着信息过载之苦。

随着工业云的发展，数据的流动越来越剧烈，跨越了组织，跨越了地域，工业数据中心开始流行。2019年3月，大众宣布将在全球100多个工厂，采用西门子的工业互联网平台；几乎在同时，宝洁的几十家全球工厂，也采用了通用电气公司的"制造数据云"（MDC）。而这背后，大众、宝洁成千上万的供应商，也必然会融入工业互联网中去。一般而言，一辆车有一万多个零部件，有些豪华车的零部件数量可能达到两万多个，而这其中75%都是独立供应商提供的[1]。

【1】 Ron Ashkenas, Dave Ulrich, Todd Jick, Steve Kerr 著. 康至军译. 无边界组织：移动互联时代企业如何运行[M]. 北京：机械工业出版社, 2016: 176.

以庞大的数据量为特征，工业互联网为灰度创新提供了三种全新的养料：规模、速度和迭代。规模意味着前所未有的量，速度实现了要素的快速流通，而迭代则代表了交互的强度。同属于工业互联网的这三件法宝，让灰度创新有了耳目一新的运行机制。

大量的信息和数据，正在按照可以对接的格式形成越来越有序的队列。这意味着主机厂、配件厂及更远一级的供应商、工业云平台提供者、云计算基础设施、第三方独立数据分析商，都将在同一个屋檐下工作，这为灰度创新提供了良好的合作基础。然而，这之间的数据的所有权、使用权、访问权，因为涉及众多利益相关方，将使灰度创新的规则变得更加复杂。显然，工业互联网平台，加大了数据集聚的强度，这使数据中心完全有可能成为一个巨大的秘密所在地。

总的来说，德国的做法是努力从前端设计开始进行完美的生产制造，然后将精密的机器运往全世界各地，中国是其重要的市场之一。美国则位于控制制造的食物链顶端，包括源头创新、设计和品牌，而将制造分布在全球范围的工厂中。

中国制造目前缺乏这方面的优势，然而作为机器的重要使用市场，中国可以从呈现产品使用结果的后市场入手，因为大量的机器数据，正是在后市场的使用中产生的。设计再严密，也只是预想、猜测。现在中国的存量市场，借助于定量反馈机制，几十万台甚至上百万台的机器能够实现定量反馈。随时实现正负反馈，这对于形成机器的最优算法，具有很大的开发价值。

这是一种双向多维的能力，但目前还没有完全被重视和使用。工厂的装备加工与制造人员，往往都还维持着机械工程师思维，崇尚各种物理定律，缺乏生态的概念。从机械发展的路径来看，思维跳跃的第一级是机械式，第二级是电气化，第三级是软件级。从机械思维跳跃到电气思维，许多工程师出身的企业家完全可以实现；然而要从电气思维再跳跃到软件思维，则非常困难。这是一个巨大的台阶，只有跨过这个台阶，才能真正接近一个生态级的建设。只有从生态的角度，才能真正理解网络系统的巨大价值。这其中，数据是一个非常重要的等待开启的宝盒。

工程机械是由机械动力和传动装置与电气控制广泛结合的机械。当前工程机械上一般有40～50个传感器，加上其他电子标签和物联网设施，设备本身会产生许多数据。而这其中，发动机的数据至关重要，工程机械上有大约90%的数据来源于发动机。发动机上面有不少传感器本身就有故障代码。

中国工程机械的数据量世界第一。早在2006年中国工程机械工业协会挖掘机分会就形成了一个行业标准：生产挖掘机必须安装数据盒，否则禁止出厂。就这样，一个标准的零件，形成了一个激励机器"发声"、产生数据的机制。这也使中国工程机械开辟了一个全新的天地。

目前，日本与美国的工程机械商对于开放数据持积极的态度，但欧洲厂商基本都不开放。然而，日本人口基数较小，无法支撑大型的互联网、物联网。中国工程机械的总体保有量将近700万台，而挖掘机存量市场同样庞大，从20年前的几万台增加到现在的将近200万台，而日本一共才几十万台。仅在2019年，中国挖掘机的销量就达到了创纪录的23.5万台。这种大样本的数据模式，使数据具有很高的置信度，也意味着中国有着得天独厚的数据优势。

然而许多来自不同部位的数据，都是从各自的维度出发的。而在一个维度上，可以用算法进行深度推理，但如果要得出更多结论，不仅数据挖掘成本会大幅提高，而且准确度也会降低，因此需要从其他维度进行确认。在这种情况下，除发动机数据外，许多液压、振动等数据可以进行交叉确认。例如，天远公司专门跟清华大学一起成立了振动实验室，研究在车上增加振动传感器，从而更好地挖掘数据的价值。

如果不考虑成本，大数据的维度往往越多越好。每增加一个维度，就对数据进一步进行确认。而数据维度相互之间的交叉确认，会使计算成本大幅度降低，工业数据价值也大幅度提升。

但是数据到底属于使用者，还是机器供应商？比如工程机械商可以免费给用户装上数据收集和分析系统，但用户永远都会觉得这是羊毛出在羊身上，一口咬定这是"买回来"的。而且，设备运行之后的柴油、配件、员工的费用，都是产生数据的成本，这也意味着，运营之后才会产生数据——各种运营成本就是"催生数据"的成本。

这意味着供应商无法对数据表现出过于积极的野心。

但这却是工业互联网发展到现在，无法回避的数据主权陷阱：每个人都试图控制自己手中的那部分数据。许多企业家还搞不明白数据、信息和知识这三者之间的关系。在这种情况下，很多企业基本采取一刀切的态度：全部保密。防数据就像防盗。想打通数据？没那么容易。实际上产业链的玩家们对数据的态度，都是严防上下游，相互提防的。工程机械行业更是如此。这些都涉及切身利益，谁也不可能放弃。

当然，这里面也有一个潜台词：各方未必是真的重视数据，只是担心自己做了透明人，被别人"发现"诸多的事实。实际上，这种对数据的认识，一方面是从数据安全的角度出发，另一方面也是有点心理阴影的表现，类似人学会使用火的过程。人类最开始对天然火表现了极大的敬畏，见火就逃，而在学会用火之后，人类就再也离不开它。行业应该让大家像当年对待火一样来对待"数据"，让数据交换、共享，才能产生最大的收益。

虽然现在数据的属性在全世界都没有被说清楚，但谁能够真心明白"数据是可以共享共赢"的，谁就会率先抓住数据产生的巨大商机。

同样，机械管理平台和未来智能施工的管理平台都是分割的。工程是机械考虑的，是机械的智能化，而施工方则需要考虑工地对象、物料供应和作业调度安排，这两个市场需要很好地结合。但目前，二者之间却是一个非常割裂的分而治之的状态。许多工程机械的智能化施工，都是在后装市场（也就是被使用者购买之后，它是相对于前装市场而言的）完成的，与工程机械制造商的关系并不大。这种市场上的分割，也形成了数据之间的孤岛。

在国外，工程机械设备商，如徕卡、普康、天宝等公司都与地理信息系统服务商联系很紧密，但国内的工程机械行业企业在这方面还有待进一步发展。

在这些关节被打通之前，数据共享领域的灰度创新，将会被限制住手脚，难以发挥其巨大价值。在这个时候，政府的作用，不仅是参与物联网平台的评估和认证，而且包括从物联网平台的外围生态环境做起，搭建公共设施。例如，研究权限开放，推动地质勘探局、政务部门等把数据分层、脱敏，区分军用和民用，以便更好地推动数据在全社会的流动，这将大大加速数据共享领域的灰度创新的发展。

市场开放、融合的大趋势是不可逆转的，工程机械与智能施工都会向着生态化的方向去发展。如何充分发挥数据的流动性，从而形成新的价值，考验着数据相关的每一个参与方。

案例：小松公开数据，推动建立生态

天远从2002年开始与小松在中国合作开发远程管理系统。这套名为康查士的可视化管理系统上市后获得了广泛好评，不仅用户可以在远离现场设备的地方随时掌握设备信息，了解油耗及负荷情况，而且代理商也能根据系统提供的信息，及时为用户提出维修和保养建议。从2005年起，小松以中国版本为标准，统一了全球各种版本的康查士系统，实现了全球统一运营。

工业互联网的关键是有一个价值网络，若相互之间的价值层不连接，就没有任何意义。小松的数据公开分两个层面：行业级（公开）和企业级（暂时不公开）。而国内的诸多厂商还没有对数据进行分层，这并不需要多高的技术，而是需要一种对数据的认知。

而在日本，小松的智能施工实际上也是由政府大力推动的。小松在日本的地位相当于半个工程机械协会。当日本政府发现智能建机施工的过程数据可以全部保留的时候，就深深地被打动，这意味着可以用数据来驱动国家的投资管理项目。随后，在2016年的时候，安倍首相召开了一个战略会议，小松等大企业参加，会议上签署了由日本政府投资的工程必须使用智能建机标准的协议。

小松的数据已经积累了20年，多年的耕耘让小松对数据的理解相对较深，每年为数据消耗的流量就要花费4000万元。但如果有更多的数据加入进来，进行交叉确认，数据就能变成更多的信息或知识。大量数据正在逐步形成一种自我造血的循环机制，进一步加深小松对数据的理解。

小松开放数据的目的是启动探讨和建立行业数据共享机制，从而产生数据中的新物种，建立数据的生态。一个品牌永远不可能成为生态，生态需要多品牌、多元化的积累，才有可能形成。小松希望和大家一起做一个多生态的模式，把很多的合作伙伴拉进来。利用这些开放的数据，把数据交换共享作为切口，引导大家逐步加入，建立一个新生态。每个角色可以带着各自的利益被兼容进来。在最初设计上，小松希望在中国以数据交换的方式开始，若拿出相同数量或级别的数据，比如省、市、县级，在平台上就能自动看到小松相应级别的数据。此时先拿出数据就能先一步制定规则。

第六章

Chapter 06

与下游用户合谋寻找灵感

产品和用户，二者的关系正在变得亲密。传统上产品被销售出去之后，制造商基本上就会对产品不闻不问，只有在产品需要维修和备件的时候，企业才会出现。这其实代表了一种落后的观念，销售出去的产品自身就可以完成跟用户的所有交流。厂商只管生产，剩下的就靠强力的市场营销，卖出去的那一刻就意味着企业完成了任务。

这些都在成为过去，优秀的制造商开始亲密地拥抱客户，并做好倾听工作。因为用户之侧，有可能是灵感和创新的来源地。

/第一节/
与用户共同创造

普拉哈拉德在《自由竞争的未来：从用户参与价值共创到企业核心竞争力的跃迁》一书中，提出消费者参与企业发展形成价值共创的观点。《创新的本质》一书中提到，"我们正逐渐向一种新形势的价值创造转换。价值不是由企业创造后再与客户进行交换的，而是由客户和企业共同创造的" [1]。而互联网的发展则明显加速了这个进程。普拉哈拉德提出了共创价值的四个组成因素 [2]，包括"开展积极的对话""获取权""风险评估"和"信息透明化与共享"，都是在敦促企业采取更灵活的策略，把客户带入创新的过程中。

【1】 Stuart Crainer, Des Dearlove著. 李月等译. 创新的本质[M]. 北京：中国人民大学出版社，2017: 46.

【2】 C.K.Prahalad著. 于梦瑄译. 自由竞争的未来：从用户参与价值共创到企业核心竞争力的跃迁[M]. 北京：机械工业出版社，2018: 26.

在这一点上，消费互联网已经做得非常到位。小米在产品设计和研发过程中，特别是在其MIUI系统的研发中，充分发挥了用户的参与度的贡献。与传统手机开发操作系统不同，小米在MIUI系统的研发中，通过线上、社区和大量线下粉丝活动，直接与大量用户互动，用户可以充分讨论操作系统的情况，自由吐槽。这种开发工程师与用户直接的交互，完全没有了制造商与使用者之间的界限。用户成为产销者，既有生产又有销售的新型群体。而小米则源源不断地从中汲取灵感，更重要的是，同时收获了用户赞誉，将用户的贡献成功地转化为灰度创新，保持了整个产品高速的进阶优化。

而手机App能够随时迭代，并且能够收集用户行动，进而猜测用户意图，大大提高了App产品自身的优化能力。与用户深度互动，中国消费互联网已经做得非常好，下一步工业互联网如何能够迎头赶上，将用户代入产品开发的最早阶段，实现制造端更快升级，是一个值得思考的问题。用户的现场习惯，正在受到制造商的广泛关注。一家汽车制造商在面对上千台设备的报警与管理信号的时候，如何应对不同的信号源头和机制，是一件非常头痛的事情。为此，天津宜科电子的自动化与物联网部门，决定采用一种移动定位的方式，对各个信号源和故障代码进行管理。宜科与用户一起，建立了一个工业App的联合开发团队。先是用一个月的时间完成了一款具备最基础功能要素的产品需求调研，覆盖了发现、定义、设计和交付的各个流程阶段。在初始"开发调研"阶段，开发人员不再是在电脑前等待工程师提出需求，而是进入工作现场。供应商跟班做巡检，观察用户的使用方式，与用户进行现场对话。这款应用程序三个月就上市了——而平时这样的开发往往需要2～3年。作为一个应用程序，它可以帮助现场工程师评估三层楼房数千个报警点。由于一开始从现场最简单的应用出发，它受到了现场用户的热情拥抱。这之后，再逐渐叠加更多数据进来变得相对容易，通过持续迭代，扩展到更多部门，融入更多的功能，从而在用户使用的同时，不知不觉地加快了汽车制造厂的数字化转型。

"共同创造个人经历"，已经成为"体验经济"的一个重要分支，并被一些有先见之明的制造商所采纳。

海尔家电的整体战略，已经从"品牌时代"向"用户体验"靠拢。于2012年上市，创造了高价位高销量的"帝樽"立式空调在一开始设计的时候，摆脱了设计师在办公室设计，通过"用户调查问卷"来确定产品思路的旧巢。因为一个调研问卷在问题的设计上，其价值取向是由企业自行设定的，这很容易产生一种"灯下黑"的盲目。作为设计帝樽空调的独立柜机经营体（后来为了强调与用户价值紧密相关而改成"利共体"），专门登门入户拜访，与用户进行一对一的交流，了解房间大小、格局、柜机安装位置、使用习惯，甚至让用户参与设计。令人印象深刻的是，当他们提出来空调的"远程控制"问题的时候，一个用户一口气给出了自己的答案甚至使用手机App的解决方案[1]，这让帝樽空调的设计者们大受启发。"会出题目，巧得答案"，就是一次精彩的应答，是制造商与用户的一次美妙的知识碰撞。

海尔这几年大力推动的COSMOPlat工业互联网平台鼓励消费者在平台上"喊出"自己的感受，让用户参与参数设计，从而形成"共同创造"的全新模式。而由于消费者的深度参与，企业除了获利之外，也将同时意外地得到更有利于传播的"粉丝口碑"。其实这种互动现象对于卓越的品牌制造商而言，早已有了很好的实践。全球最大的积木玩具生产商丹麦的乐高集团，一直积极鼓励用户参与它的设计制造环节。乐高专门设立了互动体验部门，他们认为"乐高工厂的内部设计师有100多个，但世界范围内还有

【1】王钦. 人单合一管理学：新工业革命背景下的海尔转型[M]. 北京：经济管理出版社，2016：42.

30多万名设计师的创意可以调用"。这30多万名的设计师，往往都是乐高的用户甚至乐高迷[1]。

而工业互联网的到来，让这种凤毛麟角的场景开始变得普遍起来。与用户对话，甚至邀请用户参与经历共享和定制，这样的灰度创新，将成为一个企业的标配动作。每一个拥有战略家视野的企业家，都必须严肃地面对这个问题。海尔在进入婴儿家电市场的时候，与国内的母婴在线平台——宝宝树，建立一个"优知妈咪汇"来形成在线互动，与用户共享哺育知识，并最终成功开发出恒温调奶器等满足特定用户精准需求的产品。

这意味着企业需要重新思考客户关系管理（CRM，Customer Relationship Management）的含义。传统观念上，客户是Excel表格上的一串字符，或者是CRM软件在硬盘磁性材料上的一个看不见的颗粒。而在当下的数字化营销时代，这些用户都有了触手可及的数字画像。

一对一地用户拜访，仍然很重要，而对于大规模的用户，通过社交媒体等形式建立互动也非常重要。在现在的数字技术下，精准地进行用户画像，已经完全成为可能，但画完像之后，仅简单地向用户推送单一的信息，也是颇为蹩脚的一招。只有让用户真正动起来，参与企业构建的"用户体验空间"，才是面向未来制胜的关键一步。常规的客户关系管理（CRM）需要变成社交客户关系管理（SCRM，Social Customer Relationship Management）——这可不是一个简单的口号，它需要一个深入人心的战略。而这背后，意味着需要进行社群维护、粉丝交流等一系列的社交营销活动。对于一个公司来说，维持与粉丝的互动变成一件重要的事情。一个企业或许需要设置"首席聊天官"这样的角色，专门负责制造话题，与各类粉丝和用户进行互动。

【1】曹仰锋. 海尔转型[M]. 北京: 中信出版社, 2018: 89.

然而，这可不是只有聊聊天那么轻松的事情，它的方向并不可控。有时候它会产生一种倒逼机制，破坏企业既有的制造体系。在海尔创客企业"雷神"游戏笔记本的诞生过程中，2013年第一次提出了笔记本公测的概念——以前只有游戏行业和手机（小米）行业这样做过。与只提交给专门媒体的公测惯例不同，雷神的笔记本也提供给了10名中立的贴吧大神级人物——他们作为独立用户发表自己的看法。这些范围丰富的测试所产生的意见令人瞠目结舌。当这些用户建议被反馈到制造部门的时候，制造工程师对这些新型测试形成的制造建议表示无法接受，因为这个产品已经进入了产品批量制造阶段。雷神的产品制造部门形成僵持状态[1]。

面对这些公测用户的意见，雷神坚持要倾听用户心声，一定从研发设计开始修改，否则不能出货。最后研发设计工程师只好出面，修改产品设计，导致制造工程师也再次修改工艺，火速制订生产路线。虽然上市时间延迟了两个月，但首批上市的500台在京东商城不到1秒钟就秒杀售罄。所有的战略制订，都不是动动嘴皮子，挂个横幅就可以搞定的。

这是一个与用户走得太近而形成的意外状况。这个时候最能考验的就是到底该如何看待用户的心声，形成真正的默契？那些来自用户的挑战，会用最小的细节——有的时候简直是挑衅，直逼整个生产流程的方方面面。这是一个需要企业全员参与、全员有所准备的战略意识渗透。

同样，物流配送和安装，作为企业、经销商、安装商的一个公共交集，它与用户的距离往往被称作"最后一公里"。然而就是这样的一个距离，有的制造企业一辈子都没跑完，对于他们而言，这段距离是永远存在的——那是经销商的围栏；而对于勇于与用户联合创新的企业，这最后一公里也是最担惊受怕的一公里，此刻用户寻求产品和服务的确定性到了一

【1】王钦. 人单合一管理学：新工业革命背景下的海尔转型[M]. 北京：经济管理出版社，2016：51.

个关键性的时刻，因此这也是需要倍加呵护的一公里。

日本纺机的工艺性很强，这是与用户紧密相连的结果。许多纺机基本上都是纺织企业自己制造的，尤其是印染机械，如东丽、帝人、丰田，这也是德国纺机企业所缺乏的特质。一家德国纺织机械公司在常州丢失了一个长期最佳用户，该工厂突然宣布采用日本帝人的化纤纺丝机。困惑的德国纺机公司在用户现场进行了对比，结果发现其实并非设备自身的技术问题，而是生产线布局位置不够合理，与企业的工艺并不能完全匹配。这就是了解用户现场的重要性。

是时候重新定义一个企业与用户之间的战略对话机制了。直接面对用户，让用户体验成为公司最高战略的一部分，会在全球化和供给过剩的形势下，为企业带来核心竞争力，也必将成为公司最为重要的利润源。

案例：机床厂如何提供为用户算钱的服务

机床工具行业是一个老行业，也是一个战略性、基础性行业。机床作为投资类产品，本身市场容量很小，且与社会固定资产投资的强弱程度高度相关。无论经济发展在低位还是高位，机床投资都有明显的周期性，对企业的生存发展影响极大。

位于宝鸡和汉中的秦川机床，作为一家精密数控机床与复杂工具研发制造商，地理位置相对偏僻，并无人才优势。但无论是机床行业发展特别好还是处于低谷的时候，秦川机床都能一直排在行业前列，这与企业的战略思维有很大的关系。

早在2003年，看清机床周期性特点的秦川机床，就提出来要熨平波峰波谷，主要方法就是打造"3个1/3"的产业布局。除机床主机外，秦川机床一方面进入数控刀具、高档数控系统、滚动功能部件、机器人关节减速器等零部件业务，另一方面努力发展系统集成、机床再制造及工厂服务、供应链管理及融资租赁等服务制造业。形成了从整机延伸到零部件，再到现代制造服务业的完整的产业形态。从2004年到2018年，秦川机床作为机床工具行业重点骨干企业，营业收入多年来稳定处于行业前三名位置，成为青松岭上的常青松。

秦川机床转型的这个过程，密密麻麻地写满了"和用户在一起"的故事。由于长期专注于细分市场领域，如汽车传动总成、两机工艺装备等，对工艺要求很高，供应商必须成为真正的用户工艺专家。秦川机床一直致力于锻造自己成为两个"师"，既要成为"用户总工艺师"，又要成为"用户总装备师"。由董事长亲自挂帅，担任两师"师长"。而"师长"这个词，正是灰度创新的一个恰如其分的表达。这也意味着，企业需要跨出去一步，大胆与用户相结合，成为结合部的"师长"。

能够大胆跨出去这一步，源自技术出身的秦川机床领导人从未放弃钻研技术，经常深入生产现场协助解决具体的设计或工艺问题，也会自己去与用户进行面对面的技术交流。

秦川机床在组织形态上，采用集团旗下的品牌矩阵，由近20个独立品牌构成。例如"秦川"牌齿轮磨床、特种齿轮箱、机器人减速器，"汉工"牌齿轮刀具、"汉机"牌螺纹磨床、"宝机"车床和加工中心，每个都是其所在利基市场的领先者。这些品牌都紧密围绕着用户需求，形成一种扇形进攻的方式。

由品牌矩阵组成的数字制造工艺装备链，为秦川机床获得了高于一般同行企业的利润率。中高档轿车特别是高档轿车、新能源汽车，是支撑秦川机床最近几年发展的新领域。像新能源汽车，整个齿轮系统发生了巨大变化，要求齿轮加工机床必须具有高精度、高效率、高可靠性。如特斯拉的输入轴齿，高转速对齿廓的精度要求极高。由于秦川机床志在成为"用户的两师"，在面对汽车变速器这样的项目时，一开始就考虑了工艺链条，针对变速器产品打造了全面的装备链，包括复杂刀具、工装夹具、车床、加工中心，一直到车齿机、齿轮磨床、齿轮测量仪等全套工艺装备链。在此基础上，为用户同时提供数字化生产车间建设服务，配备秦川特色的生产执行系统，从而实现从工艺到装备、从装备到产线的贴身服务。

在有限领域，投入绝对兵力。做机床行业，一定要守住有限规模，不可能无限地去扩张。机床行业不能指望做一个大而全的巨无霸企业。靠几个通用型号，一年销售好几万台，期望什么行业都能用，这在中国已经通过惨烈的教训被证明是行不通的。

而志在成为曲面之王的秦川机床，围绕着用户深挖地基，构建完整的复杂型面加工制造工艺装备链，形成"链条对点"的竞争优势。这意味着机床与用户之间必须形成亲密的信任关系，只有贴着用户走，基本才不会走错路。秦川的扇形攻击如图6-1所示。

基本上每一个项目，企业都会跟用户融合在一起，共同研究材料的加工方式。一旦原理搞清楚，工艺装备方案也就有了。可以说，秦川机床的产品，80%都是围绕用户而定制的。如果是只要有变化就算

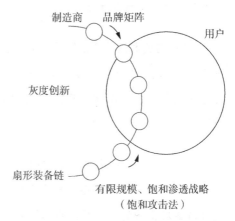

图6-1 秦川的扇形攻击

是一种样式的话，那么可以说98%都是定制的。

"卖机床要像卖汽车那样""做机床要像做汽车那样"，这两句话在中国市场曾经一度流行，但最终也为此付出惨痛的代价，有的大型机床集团因此而破产重组。国内外成功的机床案例都表明，只有围绕用户精细的价值而奋斗，才可能在这个市场长盛不衰。

由于长时间浸润在围绕用户的观念之中，秦川机床内部有一套很实用的成本算法，叫作"工序间成本核算方法"。一台机床，就是工序间成本；一条线，就是一个产品成本链。物资链的成本合在一起，核算下来，在一个工序从上料到加工完成，价值多少？消耗了多少？成本是多少？用户接受不接受？最终就是怎么落实"为用户赚钱而奋斗"。用户购买一条产线后，如何运营，多长时间能回收成本，秦川机床都会给用户计算出来。

秦川机床在最近十几年里，做了很多产线，在这个过程中发现，服务型制造业要与用户一起算清一本账，用户花了这些钱什么时候能赚回来？如果作为一个设备供应商，算不清楚，那就说明脚跟不稳，可能存在问题。通过一件一件的事儿，秦川机床摸索了6～7年时间，在5～6年前才形成了这样一个核算体系。

"工序间成本核算方法"涉及15项到27项内容，包含刀具等物资消耗、设备折旧、能源消耗、人员支出、设备维护维修等多项内容。秦川机床现在就是围绕着服务，"为用户算钱"。这些东西算出来以后，又衍生出工厂服务的概念。

秦川机床的几张表格，会罗列20来个项目的对比数据，都是为某单件产品计算的使用不同设备之后产生的加工成本和最终能获得的利润，这就是目前秦川推行的"工序间成本"计算，可谓其秘密武器。有了这样具有说服力的精确计算结果，用户对投入和产出都一目了然。

"为用户算钱"，一是突出了"成本计算"的能力（其实就是通晓工艺的能力）。二是需要实践能力，需要将整个工序前后优化，围绕工装夹具不停地与用户讨论，最后达到一个相对较佳的状态。这实际上是不断优化的一个过程。一个完整的产线，要经过几轮这样的讨论和修改，才能开始实施，即使在客户现场，仍然会有很多改动。这期间，双方的信任是最为基础的支撑。

/ 第二节 /
用户的经验是最好的养分

来自用户的想法，或者产品销售后用户的抱怨，都经常成为制造商创新的源头。不知不觉中，用户成为灰度创新的一部分。全球紧固件的领头羊伍尔特公司，其创始人就是与客户直接联系的热衷者。他认为"一天的外勤工作比开一周的会议有用100倍。与客户的交流能带来无数的想法和创意[1]"。这句话一针见血地表明，用户的想法，往往是研发创意的源头。顶级客户，有时就是最好的创新伙伴。

日本日化用品制造商花王早在20世纪80年代末，就建立了售后顾客应答分析系统ECHO（Echo of Customer's Helpful Opinion，又称"顾客

【1】 Hermann Simon, 杨一安著. 张帆等译. 隐形冠军: 未来全球化的先锋[M]. 北京: 机械工业出版社, 2015: 186.

建议回声系统"），非常细致地将顾客对花王公司提出的问题和抱怨统一记录在案，并做详细分析。在第二天，相关分析内容将被提供给公司内部人员。这个ECHO分析系统，包含了8000多个关键词，随时能调出35万个顾客抱怨的问题[1]。

这样的情况其实很常见。重要的是如何看待用户在整个公司创新环节所处的位置。如果企业能够真正将用户放在战略位置去考量，那么它需要做出巨大的改变，用组织机制来应对用户需求。

1. 用户交互，形成了丛林新气象

跟消费者沟通实际上在交互里面起到了很重要的作用。如果前端抓不到用户的个性需求，那么后端制造就只能是自动化的徘徊，而不是智能制造的升级。因为客户的个性化需求，或者能获得更高利润的个性化需求，必须在市场前端进行捕获。这是一个与用户"斗智斗勇"的过程，也是一个灰度创新的过程。

2016年前后，海尔集团就对研发部门提出：不需要去创造新功能，所有研发的新产品，只需要说出一个原则——有没有跟用户交互，交互过程在哪里。海尔的HOPE平台号称"把全世界变成自己的研发基地"。这就是一个用来承接来自用户的创新想法的平台。就像是一个荷叶盛放许许多多的小露水珠，最后汇成一个闪耀的大水珠。

海尔的每一个部门都在做社群的运营。整个呼叫中心基于一个2.9亿用户的社群交互，这些交互吞吐的大量信息，涌向各个部门。海尔社群的概念，已经完全超越了卖更多家电的目标，它要把用户的需求汇聚到一起，

【1】野中郁次郎，竹内弘高著．李萌，高飞译．创造知识的企业：日美企业持续创新的动力[M]．北京：知识产权出版社，2006：214．

然后找各种第三方公司合作，相当于帮第三方去导流，并获取相应的收入，同时降低成本，提高产品体验。

这里面产生的创新，正如雨后的春笋，很难界定是在哪里播下的种子，但这种丛林生态却造就了大量的微型合作。当合作积累到一定程度，雨后春笋的局面就会爆炸性出现。一种新的产品开发模式正在流行，那就是先跟用户去产生更多交互，回头再来定义自己的产品。尽管不同行业的情况不太一样，但每一个行业都可以找到与用户互动、定义社群合作、定义新产品形态的方式。

对于电器这种产品，除了在科技方面的突破，在用户体验方面的突破实际上也越来越重要了。许多产品如洗内裤机、洗鞋机等，往往都是由用户的需求产生的。而研发人员除了要寻找科技上的创新，还要去倾听客户的各种想法。把这种事情委托给第三方调研公司的时代，已经逐步成为翻篇的历史。而有了合适的工具，企业可以直接跟成千上万的用户去沟通，区分老用户、新用户，以及忠诚度、消费习惯等，这些可以刺激灰度创新的发生。

2. 从用户呼叫中心到体验中心

用户的想法到底从哪里来？许多锐意创新的企业，都在探索不同的路径。最常见的两个进取型做法如下：一是研发部门让一线销售人员去完成倾听这件事情，然而一线人员的重点仍然是销售，很少能同时做好倾听；二是利用第三方调研公司，通过大型调研来完成，然而许多调研公司往往都是基于自己的相对固定的用户群，许多情况下收集的往往都是同一拨人的观点。

真正的创意，来自制造商与用户的交互，从而极大地促进灰度创新的发展。

现在的技术手段，如物联网的使用、大量移动App的应用，都可以实现企业直接与用户沟通，形成一个"看不见的阵地"。这种情况下，对企业的组织结构与职责，也造成了很大的挑战。研发部门的创意，不再是最初的起点，以前在最远端的客服，反而成为产品研发的先导性前沿阵地。这也意味着，客服的职能就不仅是做服务了。

2017年方太厨电销售收入突破100亿元，成为首家销售收入突破百亿元的厨电企业[1]。良好的成绩也得益于方太对于用户的洞察力。在2014年前后，方太进行了一次大的变动，将呼叫中心改为客户互动中心。把传统的二代呼叫中心全部改成了基于互联网的客户互动中心。彼时，很多企业还是采用呼叫中心，主要通过电话进行联系。

名字修改之后，背后的商业逻辑也发生巨变。客户互动中心跟呼叫中心最大的区别就是，企业可以直接跟用户做深层次的交互，而且与用户互动的质量也大幅度提升，用户的需求明显增加。这意味着企业可以让用户参与到企业的产品创新决策之中去，灰度创新找到了最为适合的土壤。

传统的呼叫中心一般都是成本中心。但方太的客户互动中心正在向利润中心靠拢。当它与用户大量互动的时候，就会充分了解用户的细致需求，进而有可能成为产生利润的源泉。2019年各地机场的广告牌中，到处可见方太的洗碗机。方太洗碗机最初就是从客户互动中心得到的启发，后来成功地变成新产品。再后来方太洗碗机甚至不需要通过事业部来销售了，通过互动中心就可以直接销售。

与此同时，方太也开始建立线下互动体验店，即建立直接的客户体验中心。线下互动同样是获取用户体验的关键渠道，在这里可以直接挖掘到

【1】 方太资讯. [2018.12.27]. https://www.fotile.com/news/109.html.

用户的真实需求，让用户参与创新成为可能。

2016年年底，方太在上海的桃江路打造了将近3000平方米的3层楼的工作区，正是方太顶级厨电馆，是进行厨电展示、举办主题沙龙的场所，还有2050未来厨房、烹饪教室等。厨电馆的建立，也是高端品牌落地非常重要的支撑[1]。方太顶级厨电馆星期一到星期五，每天设置一个主题。比如某天的主题是做某种烘焙，方太顶级厨电馆就会邀请上海五星级酒店的面点师来讲课。

在上海，一些全职太太很愿意上这类课，方太每天限制50人上课。做面点时使用的烤箱和烤具，都是方太品牌的。在这背后，方太的烤箱事业部，就从这里不断地获取改善烤箱的需求。在其中一款新的烤箱旁边加了一个显示屏，里面包含各种配方及烘烤时间。另外，方太也会向家庭主妇推荐一些辅助工具。每年能有上万人参加课程，而方太获得的都是高质量的直接客户。用户往往通过亲身体验，直接就变成忠实粉丝了。用户的积极参与，对产品的研发和销售都有极大的帮助。

这样的案例，也能找到更早的原型。NEC（日本电气股份有限公司）的第一台PC-8000型计算机当年曾横扫日本，成为NEC开发的个人计算机中最畅销的机型。然而它的原型机，却是通过NEC设立在东京秋叶原电器城中的展示中心BIT-INN而形成的。在那里，NEC销售部门本来是为了推销半导体器件而设计的日本第一台微型计算机TK-80，得到了从中学生到计算机爱好者蜂拥而至的参观及好评。研究人员与顾客相互交流，传递使用心得，最终让NEC的计算机一鸣惊人[2]。

【1】 方太集团-在自己最擅长的领域打容易的仗. [2017.05]. http://www.houdepeixun.com/zixun/qiye/121.html.

【2】 野中郁次郎，竹内弘高著. 李萌，高飞译. 创造知识的企业：日美企业持续创新的动力[M]. 北京：知识产权出版社，2006: 73.

在这种体系下，方太客服的职能已经转变成体验管理的职能，方太客服管理各方面的用户体验，而这些体验也在驱动研发。方太很多内部项目的研发，是用它的用户净推荐值（NPS，Net Promoter Score）指标来做驱动的。简单来说，这就是一个口碑指标，是一种当下最为流行的顾客忠诚度分析指标。苹果、华为、星巴克等公司都在积极使用这个指标，捕捉顾客的变化。NPS 整个理念体系，就体现在交互上，体现在与用户互动的层面上。在互动中，用户"提供"了自己的想法和习惯，构成了灰度创新的基本素材。物联网的发展，使得这种感性的认知变得可以量化。如果说以前的信息获取，往往只能捕捉到一个有限样本，那么现在的物联网技术可以捕捉到全量样本信息的变化。

3. 右耳朵的创新

好孩子集团是全世界最大的童车产品企业，其半数以上的产品销往海外，据说全世界每十台童车就有五台是好孩子的。

好孩子一方面跟上游供应商，或者研发机构、设计公司一起合作；另一方面，好孩子则会跟它的用户互动，借助于用户的反馈优化产品。那么，它是如何与用户实现互动，从用户的参与中获取灵感，实现灰度创新的呢？

在童车的研发方面，一定要了解当地用户的习惯。好孩子在六个国家有研发中心，包括德国（科隆）、美国（波士顿）等，这些研发中心的重点之一，就是对客户需求进行摸排，然后将全世界的需求反馈到中国的研发中心。例如，在欧美很流行的高景观童车，其轮子很大，这就是从当地调研中产生的创意。这种高景观童车，如果不通过用户沟通的话，设计师的脑子里是想不出来的。同样，布袋车的发明也来自用户的启发。这种布袋车体积比较小，可以折叠，既可以推也可以背着。这样妈妈带着孩子上飞机时就可以一只手抱着孩子，一只手推车。收起来的时候，就能装在布袋里面。

在产品的销售过程中，需要跟经销商网络紧密配合。为了更好地与母婴专营店合作，给顾客提供一个良好的购物体验，好孩子采用了"模型陈列室"的概念，进行装饰方案预演。这里摆放了各种新品，并对陈列室空间进行优化。先由经销商和用户来选货，同时让他们评价，根据这个评价确定最适合的展厅设计。一旦模型陈列室装饰调整完毕，就会把它复制到各地的经销商展厅中去，在全国所有店铺实施该装饰方案，增大吸引用户的力度[1]。

各地研发中心会把这些需求，反馈到好孩子位于昆山的研发总部，从而每年研发出来好几百种的车型，然后让全世界的经销商来选择，在模型陈列室，展示这些尚未上市的产品，如美国沃尔玛、德国麦德龙等零售商都会来选车，而这个模型陈列室也变成了经销商选货的地方。在每年有五百多个经销商参与的大会上，其中一个重要环节就是新品发布会。好孩子除了童车之外，还有护理、童装、鞋帽等产品，经销商一边选型一边订货。而这个时候，正是好孩子与各个经销商不断交流的时候，包括了解经销商对模型陈列室的评价。

模型陈列室还有一个作用，就是邀请一些用户来参加各种活动，如比赛、旅游等。例如，如果有50个名额让妈妈去日本旅游，会收到2万多个用户请求。这些用户来参加的预选赛、半决赛、决赛也都会在模型陈列室中举行，从而让这些妈妈对产品提供建议。这些建议都成为产品研发部的重要创新来源。

【1】 William B. Bonvillian, Peter L. Singer 著. 沈开艳等译. 先进制造：美国的新创新政策[M]. 上海：上海社会科学院出版社, 2019: 75.

/ 第三节 /
新型供应链条上的知识容器

从知识到知识，永远都是编码和解码的过程，它有一种天生的失真基因。人类知识一开始的传递，就具有很强的失真传播特征。口口相传，知识会遗失在风中；然后是画图，歧义很多，表达不清晰；然后是文字，这成为最为主流的知识载体。再后来出现了软件，使人类知识得到最为精确的复制，而且这种知识能力的传递，从物理成本上看几乎为零。然而这也是一种门槛极其高的媒介方式。中国2017年软件和信息技术全行业从业人数接近600万人，不到总人口的4%。而且这个行业人员的数量增长缓慢，这个数字比2016年仅增长了 3.4%。纯软件开发人员则占比更少，这意味着很多人都不拥有这种技能。

无论是知识金字塔理论，还是知识运动理论，都把关注焦点集中在知识的提炼、形式转换上。而知识的传递对象，还是以人为最终载体。因此，撇开"从知识到知识"的路线，直奔"从人到人"的主题，或许是一种全新的解决知识复用问题的路径。

麻省理工学院媒体实验室的物理学家伊达尔戈以其天才般的设想，构造了一个"人比特（personByte）"概念[1]（简称"人比"）。它将一个人的

【1】凯萨·伊达尔戈著. 浮木译社译. 增长的本质：秩序的进化，原子到经济[M]. 北京：中信出版社，2015：96.

神经系统所能接收的最大信息量，定义为一个度量单位，也就是"人比"。有了这个概念工具，人们立刻就会意识到，人比是社会属性和技术属性的结合。当一个人想获得多于一个人比的信息的时候，就需要其他人的帮助。

至此，我们可以用一种全新的理论来定义知识重用，那就是知识容器。通过将知识进行多种方式的比特化、数字化，变成软件、视频、网络互动、虚拟现实等方式，实现知识的量化存储。知识就像被"冷冻"一样暂时存在知识容器中，在合适的时候，重新"解冻"，实现一种高保真的知识再现。

普通人的感官（五感）包括眼（视觉）、耳（听觉）、鼻（嗅觉）、舌（味觉）、肌肤（触觉）。而"第六感"也就是所谓的"本能"，标准名是"超感官知觉"，与当事人之前的经验积累所得的推断无关。而知识容器则意味着人体的全面综合性感知，与个人经验积累也不成正比关系。这是一种人类掌握知识的"第七感"，它是人类知识的叠加值。

人比，被描述成一个人所能拥有的最大知识容器。那么这意味着，它可以像"U盘"接口一样，去完美而轻松地"复制和再现"知识。

知识容器，为联合创新打开了一个良好的局面，知识容器的倒三角模型如图6-2所示。

虚拟现实/增强现实（VR/AR）是知识容器最完美的阐述

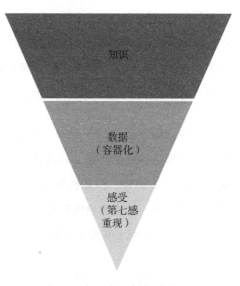

图6-2　知识容器的倒三角模型

者。它所蕴藏的数据和知识，用肉眼并不可见。但通过合适的知识容器，物理世界与数字世界产生了奇妙的连接。前人的知识，得到了实时、情境式的传递。更为奇妙的是，VR/AR可以"一人所见，多人所见"，通过将一个人在现场的感受，完整地复制到另外的知识容器上（一个或多个），那么所有的人都会"感同身受"，知识的传递，变得无缝而且简单。

视频动作捕捉与分析。日立公司的电子制造厂，通过对老员工的形体动作进行捕捉，寻找形体动作的关键位置和人体重心，从而可以找到人体的最佳动作。一方面，新员工可以通过知识容器快速提高自己的熟练程度；另一方面，在实际车间运行过程中，知识容器可以基于标准动作，判别实际人员的操作是否脱离标准流程，并进行必要的提示和报警。

同样，人的触觉也能实时感受到第三者的创新力量。"向指尖触感要知识"也是一种新的工业时尚。操作员大量与设备、原材料接触，会形成如何的感知和判断？知识的价值，如何从指尖流向物体，或者反向回来？博世智能手套提供了一个经典的知识容器。这个手套内置了多个微机电传感器（Micro-Electro-Mechanical System，MEMS），基于算法进行精准的手势识别和追踪，在不需要进行任何物理接触的情况下将数据传输到软件平台，实现意图分析。

这种智能手套可用于新员工岗前培训、关键工序确认，以及节拍分析。公司可以根据生产线上的具体工位，设计操作步骤，比如抓取物件、配合基础迎接物件、拧螺丝等动作。员工戴上手套后，动作是否到位、节拍是否紧凑，数据都会传到后台。员工可以看到每一次操作中存在的问题，同时显示界面上有操作步骤提示和动作节拍显示。

知识容器放大了人类的各种感官的综合使用能力，这一次是指尖触感。人类获得知识的能力，有了空前放大的可能性。*Nature* 在2019年5月公布了麻省理工学院最新研制的电子手套。这次，电子皮肤真的来了，首先登场的是电子手套。这种装配了传感器的手套，可以识别单个物体，估算重量和应用触觉反馈。这些年，机器视觉在AI的助力下发展迅速；但对于触觉的感知却发展缓慢。人手用适当的力度抓握和感受物体的触觉，很难在机器人身上实现。麻省理工学院的这款电子手套，配置了548个传感器，用户可以单手与26种物体进行互动，可以闭着眼睛鉴定出不同的物体和重量。这意味着，未来可以记录老师傅在完成某个任务时的触觉反馈，然后将数据传递给机械手。手机有一个精密的环节就是贴薄膜，需要大量女工靠指尖触压，感知200个左右的点。这几乎是最不可替代的人工操作，而现在看上去不久也会以自动化的方式实现。这个手套，如果不算外设的话就只有10美元（而其线路板则高达100美元）。机器触觉将迎来惊人的、爆发性的时代。这意味着其他人的知识，其他组织的事情，会被复制并应用到机械手上。而电子制造业，如果不早做准备，也极有可能加速离开中国。

这是一种惊人的知识容器，而且可以大规模实现知识的传递。知识会有更大的挖掘潜力，而灰度创新，将呈现交替叠加的趋势，加速知识交换和迁移。

以上描述的各种知识容器，都是围绕人类各种感官而打造的"第七感"，从而实现知识的传递和复用。最值得期待的，应该是脑机接口和脑芯片移植。一旦实现，那将是知识容器的巅峰。

这些技术，都意味着一个企业内部的创新，可以在企业之间进行传递。这将大大刺激供应链条上的合作，推进灰度创新的发展。

/ 第四节 /
跟着客户一起转行

如果能够与下游用户保持密切的关系，那么就能具有"春江水暖鸭先知"的洞察性，率先做出变化。当下游行业发生颠覆性变化而产生迁移的时候，上游供应商应该立即受到启发，做出相应的决策判断。在一些很专业的行业中，上游供应商往往会跟着用户一起，转移到全新行业中去。

德国TeamTechnik（又称帝目）最早做的是汽车行业的自动化系统，而后，从汽车行业转到太阳能组件行业，短短几年内成为世界市场的领导者，典型的跨行进入新领域，这家公司是如何做到的？答案是灰度创新。

帝目注意到有些半导体企业用户正在打入太阳能电池行业，而太阳能电池组件几乎没有自动化生产，而且对大型生产设备的需求量非常大。帝目决定跟随用户进入这个全新的领域。然而要进入一个全新的领域，必须要做到知识迁移，这并不是一件容易的事情。

帝目做了两件事情。第一件事情，它先找到了德国一家自动化与气动商Festo，在自动上片、阻焊剂涂布、视觉处理、焊带供给、红外线焊接（或者采用激光）[1]等方面进行合作。

【1】 https://wenku.baidu.com/view/209779984afe04a1b171de55.html.

第二件事情，帝目说服下游用户，提前一起来进行并行开发。不再等着用户把产品想好了，再来开发机器，因为这种传统方法会导致大量的时间被浪费，进度往往被耽搁。帝目先开发一个标准机器，由客户自己增加功能选项。当机器还在生产过程中时，帝目随时邀请光伏客户来进行参观。当机器生产完成之后，直接将机器搬到客户的车间，在现场进行测试、优化。设计工程师也在现场，一起查看机器的表现并优化后续的设计。这些渐进式的改善，就像是软件版本的迭代。而每过三年，帝目会根据这些迭代过程，重新设计一套全新的产品框架。帝目上下游两头灰度创新的模式如图6-3所示。

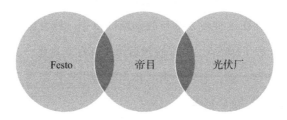

图6-3 上下游两头灰度创新

转换行业并不是一蹴而就的，仍然需要谨慎地对待转行问题。"转行不转业"是一个重要原则，也就是说可以换行业，但不能改变主业。对于上下料的接口处理、对焊接材料的理解，都是帝目的主业技术和核心能力，这使他们无论是在传统的汽车领域，还是在光伏领域，以及医疗设备领域，都有同样的核心知识基础。《重塑制造业》一书中提到，许多公司主管认为70%的知识来自公司既有的知识储备，而30%要靠创新[1]。值得注意的是，很多地方要靠灰度创新。帝目将汽车行业的知识充分运用起来，与此同时在红外线、激光焊接方面，则做出了全新的尝试，从而进入全新的行业。

———————————

【1】 Suzanne Berger著. 廖丽华译. 重塑制造业[M]. 杭州：浙江教育出版社, 2018: 149.

/ 第五节 /

逆向灰度创新：超级用户的力量

一个超级大的工程项目，就像是"连环雷"，可以引出一连串的创新。例如，美国的曼哈顿工程、阿波罗登月计划等，都展示了一种与众不同的科技创新方式。而在这种多方参与的创新体系中，最为显眼的一点就是有像美国航空航天局（NASA）这样的超级用户存在。这是一个奇特的市场，需求方看上去只有一家，而它起到的作用就像机场指挥塔台，让来来往往的"飞机"都有了明确的秩序。

在中国，像三峡工程、特高压电网、高铁等大型项目，也都能看到这种超级用户主导的创新，它将市场需求与基础研究、测试、装备研制进行了有效的集成，形成了一种逆向灰度创新。电力行业是中国工业体系中一个最典型的门类，国家电网有限公司（以下简称国家电网）这样一个超级用户的特高压电网工程，对推动中国电力装备制造业在短时间内发展成为比肩国际老牌企业的新生力量，起到了决定性的作用。

1. 没有马凳，特高压上马

中国电力需求的70%以上集中在中东部地区，而我国80%以上的可用能源资源却分布在西部、北部地区，远离电力需求中心。在这种情况下，可实现远距离、大规模输送能源的特高压输电系统成为一种最经济的选择。这种交流电压1000kV及以上、直流电压 ±800kV及以上的特高压输电，与常规的500kV输电相比，输电容量可达到常规的3～4倍，输电距离可达2～5倍，具有大容量、远距离、低损耗、省占地的突出优势，代表了国际高压输电的最高技术水平。

然而这一技术的技术可行性和工程应用可行性，在当时并无法完全确认。国外也没有特高压商业化运行的先例。2004年年底，当国家电网提出发展特高压时，最重要的配套电力装备，如变压器和开关，中国制造商无论是设计、制造，还是技术标准和规范，都还完全跟不上特高压的要求。更真实的情况是，几乎所有的设备国外也都没有。这是特高压工程本身和中国制造所共同面临的"无人区"。

然而，国家电网的决策层及相关企业，已经下定决心要推动特高压的整套技术发展。一切从最基础的开始，抽调公司各专业领域的技术精英集中研讨，系统安排对国内制造企业创新能力的调研，与曾尝试开展或有兴趣开展特高压输电技术研究的国外企业进行技术交流。

国家电网把特高压的整体装备分成两类进行攻关：一是针对中国基本上具备生产条件且经过努力可以全面实现国产化的装备开展自主研发；二是针对国内基础非常薄弱，当时很难自主研发或无法成为工程产品的，实行与国外企业联合开发的共进策略。但无论哪类设备，研发目标均设定为技术水平国际领先。这种自主可控、实施灵活的策略，为中国输变电设备制造业提供了一个全新的发展机遇。

2. 逆向灰度创新：系统设计是灵魂

完成一个从来没有存在过的大工程，需要担心的并不仅仅是技术上的储备，从科研、设计、制造，到施工建设和建成之后的运行维护，都需要放在一个篮子里进行综合考量。这是任何一个单一创新主体都无法独立完成的任务。在这种情况下，国家电网作为一个超级用户，只能打破常规管理模式，充分发挥主导作用，组织国内电力、机械等行业的企业、研究机构和高等院校，依托试验示范工程建设，联合攻关。

这种由超级用户主导的创新过程，打破了常规输变电工程由责任主体分阶段负责的管理模式。这是一种逆向创新，超级用户具备对复杂的系统创新工程的整体驾驭能力，可以推动前端研究向后端靠拢，进而实现装备制造的创新。这就像是一个精密运转的齿轮组，超级用户起到主驱作用，制造工厂受此驱动并引入各种驱动力，实现创新突破（见图6-4）。

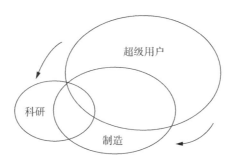

图6-4 逆向灰度创新

那么，不同"频道"的企业，如何精细地调频，指向同一个频段？超级用户的系统设计思想，可以说是整个系统信号的最早发出者，也是所有工程的灵魂。在特高压交流电网工程论证之初，为什么将电压确定是1000kV而不是900kV？这都是经过系统研究和论证，且经过仿真之后才被确定下来的电压等级。再例如，设计单位负责设计一个变电站，本来变电站容量这类问题应该由设计单位来回答。然而由于史无前例，设计师也并不知道设备尺寸、功率等参数。这个时候，就需要科研单位的相关专家先计算出这个变电站需要承受的电压和电流等相关参数。

一个一个的系统信号，就是这样发出来的，超级用户需要有一种超然于任何一个参与单位的"全知视角"。

面对工程所提出来的无数问题，国家电网需要协同其他研究机构，将各个组织在研发过程中的边界条件，相互交叉输入，而每一次小的成果输出，又会转变成其他组织的边界条件。生产厂家解决工艺并提出问题，科研单位的专家提出模拟界，各自都在有限的资源中实现局部任务。相互迭代的过程中，猜测被分解成问题，问题被分解成模型，模型被组合成答案，答案最终形成方案。

国家电网正是按照系统工程的思想，来统筹更高电压等级所需要的各方面工作。

3. 超级用户的中枢

国家电网是工程建设的指挥机构和装备研制的大脑中枢，协调各路人马共同前进。对于众多参与方而言，各自的组织边界在一段时间内必须被打破。只有存在一个超级用户，才能跨越并打破众多参与方的边界，才可能使众多参与方真正变成一个大的创新共同体，通力合作。这正是国家电网所需要完成的任务：既要获得国家和地方政府部门与相关企业的支持，也要与供应链上下游其他企业和机构联合推进，承上启下。

这样一个大脑中枢是如何形成的？国家电网抽调了熟悉高压输电技术和系统装备的专家，成立特高压办公室，随后发展成为特高压建设部。从最后结果来看，这是一种非常高效且务实的系统工程的顶层设计。

特高压办公室汇聚了各个专业的精英，包含了系统工程、工程设计、核心装备等专业的众多人才。除了从国家电网的系统抽调优秀人才，还凝聚了来自各个子系统的力量。不同组织人员的加入，保证了特高压办公室的无边界性。而且，许多业界的老专家们也踊跃参与，形成了有效的智力围栏，从学术上避免了无谓的风险漏洞。

以变压器专家工作组为例，这是一个固定小组，不仅包含年轻的变压器技术骨干，还有一个专家团队顾问组，聘请了来自全国各地变压器厂的总工程师，还有一些院士主动请缨参加。同时，负责变压器计算系统、工程设计，以及现场安装变压器的人才，都是这个工作组的成员。由于超级用户的号召力，这些精英人才的观点和想法，可以在这里相互碰撞进而相互启发。

国内某变压器厂的新品开发，采用了与国家电网相似的"滚动式开发"的思路。企业一边设计，一边给国家电网提供方案。国家电网有一个论证团队，抽调顶级专家，随时进行论证。当时该变压器厂已经拿到了俄罗斯、日本的相关参数，但专家组仍然会担心这些参数不足以支撑系统安全。因此不断通过工厂试验，确立变压站的安全系数。安全系数是1.3还是1.35？变压器是采用两个组合还是直接用一个大号的？这类问题都是在工厂数据验证的基础上，再跟国家电网的专家团队一起去探讨解决的。

超级用户形成了一个全国范围资源优化配置的平台。特高压办公室人员最多的时候有上百名技术专家，这里既是一个资源调配中心，也是一个系统集成中心。作为高速运转的"大脑"，它形成了巨大的"智力辐射"效应，通过"智力辐射"将知识层层放大。密集的指令和决策层层放大，并扩散到参与特高压的300多家单位和十几万参与者中。

4. 友商成为同一条板凳上的兄弟

一般而言，用户更接近对需求的定义，而设备制造商起初并不一定了解。用户对于解决方案的设想，成为制造商至关重要的创新原型。电网的设备制造商经常会碰到很多困难。其中一个是商业问题，那就是无法给设备定价。起初，设备制造商并没有这种设备，很多具体参数也不知道，那么如何签订商务合同？

这就需要回归到预算的分解。在研发初期，"用得起的技术"作为一个总体思想，始终贯穿其中。随着电压等级提高而大幅度增长的成本趋势可能是线性的，也可能是非线性的，还可能是剧烈的非线性的。有时候并不需要研制特别先进的科研产品，基于技术常识做出一些判断和选择是至关重要的。毕竟，贵到企业用不起的技术，往往很难成为一个有生命力的技术。

超级用户的预算总额，需要在试探性地分解后，最终落定到各个子系统中去。这是一个基本的成本约束，一般会在常规工程的基础上，用一定的系数进行控制，完成动态调控。比如参数性能提高一倍，那么价格就可能需要锁定在原价的1.5 ～ 3倍以内。同时，也需要了解国际上已有的研发性技术的价格和价值，要求各个设备制造商先做概念设计，并测算价格。由于每个设备类别里都有国内外多个设备制造商，工程管理者根据这些汇集在一起的信息，形成价格的基本概念。这是超级用户在系统工程能力的支持下，所形成的一种基本功。这就发生了一个很有意思的现象，作为竞争对手的设备制造商，大家会坐在一起计算成本，这就形成了一个初步的合同价格。

合同落实之后，进入工程研制阶段。科研单位系统的专家从系统和电网的维度（整体）来看一个点（局部），对这个点提出要求，形成一种参数。之后，研发团队的专家和各个设备制造商共同讨论其合理性。由于是唯一用户，而且设备参数决定了设备的先进性和经济合理性，所以各设备制造商就必须要坐在一起，就像是面对课堂上老师提出的问题一样，共同作答。每个设备制造商都需要结合自己的经验，不断修订不合理参数，从而实现既能制造出来产品，也能保持长期的安全稳定运行。

例如，设定设备参数的时候，如额定电流、直流分量、开断电流，都是国内几家大型开关制造厂一起商量的，大家在一起讨论参数的合理性，这是一个共性问题。一旦确定参数、性能指标之后，各个设备制造商便可以各自进行生产制造。各个设备制造商在技术方面互相保密的同时，也采用项目合作的方式共享部分技术，当面临共同的问题时，也能够一致对外。强大的超级用户，形成一种倒灌机制，使得所有参与者像是坐在同一条长凳上，接受同样的指令。

2004年国家电网开始在武汉高压研究所建立特高压示范实验基地。采用2千米的小型电网线路，通过小型变电站的挂网运行，测试整个特高压对通信和环境的影响。当时，几家国内大型变压器厂都参与其中，每家做一台样机。国家电网有限公司牵头的这个科研项目，几家国内大型变压器厂都有专家组入驻，在绝缘水平、运行条件一致的情况下，一起探讨技术，联合研发。

在常规变压器的时代，这种研发方法是不可思议的。全世界各变压器厂都有自主技术，都不会分享技术要点。在第一次会议上，几家变压器厂派出人员参加讨论的时候，大家也都有犹豫和相互防范。但一方面由于特高压技术需要从头开始探索，另一方面国家电网也搭建了一个共性平台，所以大家通过相互交流、协调，达成了很多共识。

在许多会议中，由于只有技术人员参加，所以探讨都比较深入。这种交流习惯，甚至在制定后续工程的方案中都继续发挥作用，同行之间也对方案相互审核。当然，这也是在国家电网的要求下做到的。有了超级用户的支持，昔日的竞争对手，一起开会，一起出国学习。到2006年，几家变压器厂同时研发成功特高压需要的变压器，成功入驻武汉的试验基地。

通过技术理念的密切碰撞，同行知识扩散得非常快，因此也推动了整个行业的发展。而这种模式要想成功，一定要有超级用户发挥推进作用。

从另一个角度看，国家电网起初就在特高压电网的工程中，不断推动建立了统一的行业标准和规范。时至今日，特高压技术在全国有统一的标准，各个企业并没有自行制定五花八门的标准。这使得国内制造企业之间可以相互配合、无障碍衔接。围绕不断升级的规划需求，企业不断丰富和细化，最后形成一个强大且相互呼应的电力装备中国制造的体系。

5. 设备制造商和电科院联手走向炮火中心

设备制造商与国家电网系统下的电力科学研究院（以下简称电科院）的合作，让设备的研发进一步加快速度。

在国家电网的组织下，在产品研发的过程中，电科院因超强的系统计算能力，在对设备核心参数的初始设定方面具有很大的发言权。这种对于参数的初始设定，使得变压器厂可以将自己的工艺向这种代表市场需求的技术阈值快速靠拢。这种大幅度的收敛过程，极大地节省了设备制造商自行测试的时间。"一开始就接近炮火的中心"，成为设备制造商与电科院合作的重要理念。

对于变压器的仿真任务，双方有清晰的分工。以某变压器厂为例，其侧重变压器本身，如计算线圈内部的电压分布、温度场和铁芯的磁通分布，着重于从结构入手；而变压器与调压变压器在各种系统运行条件和故障条件下的过电压、局部区域的详细三维电场精确模拟计算、变压器及其连接设备的整体结构力学计算等，则需要电科院联合其他科研机构和高等院校来做，电科院的实验室及多年积累的宝贵的工程参数，可以提供高水平的仿真计算分析。

电科院可以从超级用户的角度，基于多年来超高压等级电网的运行经验和国外的发展趋势，对设备制造商在产品选型等方面提出一些要求和注意事项。这也是国家电网公司的一种核心资源，对设备制造商的研发有很大帮助。到了后期的设备制造过程，由于电科院也是设备的监造方，因此对于产品的质量控制也有很大帮助。

这种系统级的技术支持，让制造商与用户市场需求能够紧密联系在一起。

6. 逆向支撑，自主创新"十六字方针"

世界上第一条商业化运行的1000kV特高压交流项目，晋东南—荆门特高压交流试验示范工程在2009年1月正式投入使用。三年的建设周期中，整个工程的国产化率在90%以上，具有完备的自主知识产权。在整个"三站二线"（三个变压站两个回线）中，没有一台整机是进口的。在其100多种合资或者国厂主设备中，高压开关的独特创新模式最为引人注目。

从项目立项开始，超级用户就帮助产业链条上的企业解决技术引进、技术论证等问题，事无巨细，一路呵护。在发展直流特高压时，直流的穿墙套管和换流变用的阀侧套管等关键部件，属于全球的紧缺资源。为了这些虽然是主机附件但却非常金贵的部件，国家电网也会亲自出面，跟ABB、德国惠斯普这些外企去沟通，促进装备制造企业与国外企业达成合作。例如，在特高压项目开始实施的时候，中国在开关方面拥有的技术仍然较弱，而且国外也没有现成的产品。如何联合发展，成为国家电网有限公司、外企制造商和国内制造商讨论的焦点。

国家电网创新性地提出了"联合设计、产权共享、合作制造、国内出厂"的十六字方针，引导三家国内开关制造厂分别和国外公司绑在一起供货。国内外企业形成联合体（不一定是合资厂，可以是工厂间合作），联合研制产品，共享产权。产品制造放在国内外均可以，但产品组装一定要在国内进行，并且要在国内的实验室完成最后的验证。十六字方针的核心在于实现了系统设计引领，设备总承包权在国内制造商手中，国外企业为分包方。二者联合设计，让国产装备有机会从源头思考如何实现整机装备的系统性能。

"市场换技术"传统三部曲是"引进—消化—吸收"，一般是通过"国外研制、转让技术、国内制造"来实现。国家电网自主创新的"十六字方针"在灰度创新的实践中向前大大迈进了一步。它让国内电力装备制造企业拥有了系统设计的主动权，同步实现"正向设计+工艺制造"的联动推进。

在十六字方针的背后，国家电网发挥了重大作用。当时，在电力领域，没有任何一个国内制造商具备这种能力可以跟国外企业进行这类谈判。国外企业更希望中国采用常规方法，但是国家电网很坚定地坚持方针。有了超级用户的支撑，最后形成几家国内开关制造厂分别与东芝、ABB、日立等国际品牌合作的局面。

这种从系统设计入手的策略，彻底地改变了中国电力装备的进程。然而，如果没有国家电网作为商业用户与国外企业的谈判，没有国家电网对系统集成的技术分解，想要实现十六字方针则会很困难。国家电网作为超级用户的介入，改变了国外企业和国内设备制造商之间完全不对等的强弱关系。

在第一个特高压项目工程开发时，短路电流的核心指标是50 000A。而到了第二个工程时，由于特高压网络线路的形成，短路电流已经提高到63 000A，在100万伏电压的作用下实现这样的短路电流开断水平是世界级的难题。而此时开关的研发，已经逐渐转变成以中方为主的中外联合体，中方技术的作用更加凸显。

在世界首条全清洁能源特高压输电线路——"青海—河南 ±800kV特高压直流输电工程"中，有的国内设备制造商研发的新型开关已经做到一次测试就通关。为了精准控制电压、动态调节直流的输电功率，需要用开关频繁地开合和切断滤波器组。在测试期间，交流滤波器组断路器需要经历一次"魔鬼试验"，正常工作电流下，前后有100多次开合，600多次放电。这种试验的难度很大，此前只有ABB能供应断路器。而国内某设备制造商的18台断路器，在2019年8月一次就通过试验。

目前尽管在一些关键部件上还需要跟国外企业合作，但国内的几大开关制造厂已经能够独立开发，可以胜任升级的挑战。装备制造创新，通过超级用户的逆向支撑，在波浪式滚动的迭代中，逐步升级持续发展。

科技攻关与装备制造是同步进行的，这是大型工程的一个显著特点。在这个过程中，以超级用户为代表的"逆向灰度创新"，令人印象深刻。国家电网是灰度创新链的逆向发起者，也是创新成果的首次应用者。

在特高压工程发展的十多年间，中国的电网技术达到了当今世界的先进水平。30多条特高压的线路，带动了国内上下游产业数千亿元的投资。国家电网真正的亮点在于，作为一个提供电力的业主，它以需求引导的超级用户形态，推动电力大装备的硬核制造的突破。这是一束珍贵的光源，照亮了中国制造的创新之路。

第七章

Chapter 07

善待供应商

制造商与供应商之间，存在非常多元化的关系。简单地说，二者之间就是供货和购买的关系。然而为了赢得市场优势，许多具有远见卓识的企业，远远跨出了简单购买的合作关系。如何从战略共进、知识共享的角度进行推进，建设新型供应商关系，则是一门很深的学问。

/ 第一节 /

共进退的绿色外协会

大企业与供应商小企业，如何才能形成一种强力的黏合关系？恐怕双方都要目光长远，才可能超越简单的买卖关系。而大企业无疑处于主动地位，只需要为此做好长期战略规划，就可以与中小企业供应商合作，实现共赢。

小松公司对于那些直接接触用户的代理商，采取共赢之道；而对于上游供应商，则采用同样的理念，展示了合作协同的哲学根基。

小松有一个由大约160家外协企业组成的"绿色外协会"，其中包括几家大型企业，如普利司通轮胎、电装零部件等，但有100多家都是中小企业。在2008年金融经济危机期间，外协企业利润率仍然达到7%，高于当时东京上市公司的平均利润率5.4%。可以说，与供应商的联合协同、共闯难关，起到了非常好的作用。

当金融危机导致订单锐减时，小松的相关领导陪同绿色外协会会员企业一起，以当地的地方银行为中心，共同走访了多家金融机构。小松亲自为这些中小企业担保，使绿色外协会会员的贷款融资都非常顺利[1]。

与此同时，小松采取了直接援助的方式。一家外协会员实施了大规模的设备投资计划，在突然遇到金融危机的时候，小松以大约3亿日元把这家公司的设备全部购买下来，等企业恢复正常，再重新卖给公司。而在困难的时候，小松也会把自身可以生产的配件，外包给"绿色外协会"的成员工厂，以推动外协厂的运维。

可以说，小松对"绿色外协会"成员的支持是全方位的，甚至会出于长远发展的考虑，人为地造成多余库存。在小松订单下滑时，上游厂家来不及调整原有产能而生产过剩的零部件。在这种情况下，即使不需要这些过剩的零部件，小松也硬是吞下上游厂家的库存，确保供应商能够渡过难关。根据小松社长坂根正弘的回忆，这类"吃饱了也要多吃几口"的零部件采购总额，最终达到了33亿日元。

小松特意设立了专职部门：外协企业支援部，用于保证各种支援措施准确落实到位。

"绿色外协会"体现了一个追求共赢的企业如何看待与供应商之间的关系，它与下游的代理商，共同构成一个世界级的工程机械厂商的价值堡垒。

【1】 坂根正弘著. 王健波译. 小松模式：全球化经济下企业成功之道[M]. 北京：机械工业出版社, 2012: 82.

/第二节/
供应链新伙伴关系

降低成本是企业提升产品竞争力的有效途径，压低供应商的价格是其中最为直接的方法之一，这其实是一门高级学问。这门学问涉及企业与供应商之间的互动，而这正是灰度创新的高发地带，这为灰度创新提供了肥沃的土壤。供应商的伙伴关系如何建立，对于灰度创新能否萌芽、生长，起到了关键性的作用。

国内某汽车玻璃制造商，为很多汽车品牌提供玻璃，存在于多个汽车品牌的供应链体系中。对于不同的"降价"方式，有着深刻的体会。优秀的主机厂（日本品牌厂商相对明显，如丰田、讴歌等），在要求玻璃厂每年做例行降价的时候，不会把硬性指标直接砸下来。这些主机厂往往会派出自己的玻璃专家和工程专家，与供应商形成VA/VE（价值分析/价值工程）联合小组，采用头脑风暴、价值流分析等方法，从材料、工艺、包装、物流，甚至从国产化率等方面，以及一些主机厂收集到的玻璃商竞争对手的信息，来考虑如何降低成本。在具体实施过程中，双方会专门成立一个跨功能、跨事业部的小组，包含设计、产品开发等部门，最终由项目经理或客户经理牵头。这种小组一般是临时的，合作时间要视项目难度而定。主机厂同样也会参与。若中途发现涉及生产过程中的问题，工艺部门的人员也会被拉进来。

产品开发出来之后，作为回报，玻璃厂也会让利一部分，促进双赢。

这是一个双向促进的过程。有时，技术驱动完全来自供应商对于玻璃市场的敏锐度。玻璃厂的研究院和内部研究机构，在消化新材料和玻璃新工艺的过程中会形成一些基础性的关键性技术。在基础研究完成之后，玻璃厂会将产品的想法和设计告知战略合作的主机厂，二者共同研发，直至新产品成型并应用到新的汽车型号中。玻璃厂通过站在主机厂巨人的肩膀上，快速抢占市场。只有通过这种紧密的配合，二者才能形成一种黏附、持续的合作关系，灰度创新则可以持续发酵。

然而，也有许多汽车品牌商，似乎还没有学会如何对待自己的上家，往往直接把降价目标硬邦邦地甩过来，至于怎么实现，由玻璃厂自行解决。而且，在对待设计方案上的差别也很大。有些主机厂在让玻璃厂出设计方案的时候，如果方案被采用，会支付设计费，而后继续采购；而有些品牌商，可能直接就拿走设计方案，并不单独支付设计费用。

优秀的品牌商，在要求并帮助供应商降价的过程中，会赢得"伙伴的信任"，以一种合作创新的方式实现了降低成本的目标；而短视的品牌商，强行压价，很容易导致供应商从材料和工艺上做文章，甚至偷工减料，导致产品质量逐渐下降，而最终影响共同的品牌形象，两败俱伤。

在上海某汽车主机厂，一个项目需要开模，往往会召集很多供应商。主机厂给出图纸，冲压厂需要提供样品，出样品的开模费由冲压厂自理。许多未能进入项目的，只能冲压厂自己掏腰包了。而即使冲压厂拿到了该项目（一个项目会有多家供应商），进入了供应链体系，主机厂一般一年左右会让供应商降价一次。这期间，降价比例的确定，都是主机厂享有绝对主动权的。这个时候，经常会有另外一家报价更低的"捣乱鬼"蹦出来。

最后对于冲压厂而言，要么低价成交，要么被甩走人。

不得不说，这种赤裸裸的削价策略，是一种很糟糕的供应商关系，也会导致灰度创新直接失灵。

一些欧美及日本企业在供应链管理方面，非常注意供应商的感受。尤其日本企业通常不轻易更换供应商。例如，国内一家企业为三菱公司提供超高压柱塞泵，就得到了重点扶持，因为按照这种标准，国内也没有几家企业能开发出来。供货五六年之后，需要开发全新产品的，在国内公司有困难的情况下，三菱公司派出他们的泵类技术工程师和价格分析师，一起进行开发研究，经过两年左右的时间，终于又开发出一款新产品。靠着信任、坚持和知识分享，灰度创新大放光彩。丰田公司一般的做法，就是找供应商共同探讨如何优化零部件、提高质量。特别是新一代的TNGA架构的产品，让零部件生产商改变模式，适应TNGA架构的生产模式。而在一些关键领域，丰田干脆建立起垂直生态环境，与供应商共同持股。

供应商的伙伴关系，关系到灰度创新的强度。只管降价结果，不追求合作过程，可以被认为是一种"低级压榨"行为，将导致灰度创新机制失灵；而"合作共赢"则是为供应商提供方法和工具，由双方共同完成灰度创新。成熟的品牌商有着很好的供应商评价机制。例如，GE在选择供应商时，有21个认证步骤。简单一点的可能只涉及质量体系证书、财务，复杂一点的则涉及技术体系、制程能力CPK的分析、风险评估等。一般认证3个合格的供货商，同时使用2个，备用1个。在这种成熟的认证体系下，供应商想赚到高额利润是非常困难的。全部成本结构几乎都被透视，除了设定合理的利润点，供应商很难有其他的议价权。然而，正是这种供应商机制，在中国也培养了卓越制造的学徒。对于中国制造商而言，虽然利润不高，但管理能力往往得到大幅度提升。再加上跨国企业供应商体系的美誉度所产生的溢价效益，可以使其在其他客户那里获得较好的收益。

这种基于共同发展的机制形成创新成果的做法，是一种需要深思的供应链伙伴哲学关系。

📋 案例：为伙伴加油打气

绿叶制药在尝试制造一种非常有市场前景的创新制剂时遇到了一个难题，有一个晶型被海外的一个企业申请了专利，如果使用这个晶型就会侵犯专利权。

绿叶制药找到了一家国内的公司。该公司是诺华的供应商，已经与诺华合作了十几年，并建立了整个质量管理体系，达到了美国、欧盟及日本等全球产品的上市要求。该公司对这个项目评估之后，认为开发难度是极大的，因为这个晶型不是常规的晶型，需要经过大量的分析、探讨，以及不同深度开发的过程。因此该公司决定放弃这个项目。绿叶制药成立了专门的项目组，为该公司提供了一些分析和建议，从各个角度进行鼓励，最终该公司同意进行尝试。开发过程也很曲折。第一批样品出来，基本不过关。失败给合作公司带来了很大打击。绿叶制药再一次给合作团队打气，给大家信心。同时，绿叶制药派出团队帮助他们寻找失败的原因。通过大家的努力，终于找到了失败的原因——反应釜中的一个隔离垫的材料与物料发生反应，从而带入了杂质。

与此同时，双方进行了很多的讨论，在体系和管理方面做了系统的排查，把所有可能遇到的问题全部做了相应的风险评估，最后把评估预期到的全部问题在具体实施之前解决掉。然后，开始启动第二批的开发。第二批开发过程中，项目组在每一步技术实施之后做一个分析，认定没有问题了，再启动下一步。整个反应过程需要一个月的时间，通过这一个月的过程管理分析，第二批样品取得了成功，满足了开发要求。

绿叶制药利用双方的优势，在挫折中找到失败的原因，寻找新的机遇，最后开发成功。这个合作大大加快了新产品上市的速度，绿叶制药也正是利用了社会资源、伙伴的智慧，实现了产品的快速研发，在美国已经进入第三期环节，而且即将启动欧洲市场。

/第三节/
了解上游供应商的能力

了解上游供应商的能力很重要，而如果能够体会到供应商的难处，那就更难得可贵了。这需要制造商有成熟的价值链观点，能够从头到尾审视所有的支撑环节。

Sigvald Harryson 在《日本的技术与创新管理：从寻求技术诀窍到寻求合作者》一书中提到了丰田如何进军豪华车市场。1986 年，丰田启动了一个宏大的豪华车计划：雷克萨斯，目标直接盯着奔驰 MB420SE 和宝马BMW735i 车型。这对当时还在生产中低档车的日本来说，是一个不可能完成的目标。然而丰田还是坚定地将这个作为"F（Flagship，旗舰）项目"。在确定了一流的标准和反向工程学之后，丰田开始仔细地检查供应商体系。因为这些上游部件的能力直接影响高档车的精度和质量。供应商经历了严峻的考验，钢材供应商就首当其冲。而F项目的首席工程师对供应商实地考察之后，发现这些供应商缺乏高精度的机床和工具，无法解决发动机和变速箱的噪声问题。而经费和技术支持，更是其不可能解决的问题。

这位首席工程师聪明地推动了更高等级的议事体系，建立了丰田FQ（旗舰质量）委员会，推动更高的官员进入FQ委员会。在FQ委员会的努力下，截至1988年，项目成本确认为1350亿日元（当时的12亿美元）。这里面包括技术设备方面的投资，其中将近1/3的预算投给了精密机床和测量设备，都是用于附属的下级子公司和关键的供应商[1]。这些供应商使用全新的设备，并在现场与雷克萨斯设计和生产开发工程师一起，确立了零部件的精度要求和质量管控方式。在个项目中，对供应商的资金补贴促成了灰度创新的实现。

而丰田的"根源哲学"（root-cause philosophy）也令人深思。这里的"根源"，是从一个最完整的体系中去全面发现问题，它包含了自己内部的组织，也将能力扩展到相关体系，可以说是一种从全局着手解决问题的思维方式。正是在这种全域雷达的搜索下，灰度创新所需要的各种要素被凑齐。

简单的供应关系不是灰度创新。比如签订一个合同，供应商直接去做，然后交货验收。这只是简单的买卖关系。而灰度创新则是双方共同来做一件事，各自都有知识输出和共享机制，产生有价值的创造。

再来看看2000年宝洁的创新方式。彼时宝洁正面临着艰难的一幕：增长乏力，股价大幅度下滑，行业充满了质疑。新任首席执行官A. G. Lafley祭出了全新的法宝，那就是对关键产品线进行识别，削减产品线，出售非

【1】 Sigvald Harryson著. 华宏慈等译. 日本的技术与创新管理：从寻求技术诀窍到寻求合作者[M]. 北京：北京大学出版社，2004: 211.

关键品牌。而最值得瞩目的是他所采用的创新方式，他希望"宝洁创新的50%都来源于公司以外，而不是依靠内部的研发[1]"。对于一个注重研发、注重上市时间的快消品公司，这种理念实在是过于前卫。

《创新的本质》一书中提到了这位宝洁CEO独树一帜的人力资源观。尽管宝洁内部有7500位研发人员，但他经过重新评估得出，全球有1500万人拥有宝洁需要引进的知识，分散在150万个不同的组织之中。

显然，要从如此庞大的外部智慧池汲取营养，宝洁需要一种全新的定义创新的方式：公司的产品研发被重新定义成"联系＋发展"（Connect ＋ Develop）。在"宝洁创新"的官网上，"联系＋发展"战略被解释为"合作创造价值"[2]：为宝洁和合作伙伴创造价值。它可用于创新的任何方面。

"联系＋发展"的核心就是利用网络来获得新的想法。在传统创新模式中，行业专业知识"know-how"很重要；而在"联系＋发展"的创新模式中，谁拥有知识"know-who"很重要。这就意味着一个基于人和网络的创新体系非常重要。宝洁的前15名供应商有5万名研发人员，因此它建立了一个咨询科技平台网络，来和供应商分享技术。与此同时，宝洁还创建了一个"技术企业家"网络，在全球有70多人，专门作为"联系＋发展"的联络人，负责与行业、教育、供货商等取得联系，为宝洁提供了1万多个产品所需要的创意和技术[3]。

最后宝洁的协同战略取得了巨大成功，有250多种产品通过"联系＋发展"策略而得以推向市场，一多半创新成果都来自公司以外，在2000年，这一战略刚刚宣布的时候，只有15%的创新成果源自外部。

【1】 Stuart Crainer, Des Dearlove著. 李月等译. 创新的本质[M]. 北京：中国人民大学出版社, 2017: 68.

【2】 http://www.pg.com.cn/Innovation/Connectdevelop.aspx.

【3】 Stuart Crainer, Des Dearlove著. 李月等译. 创新的本质[M]. 北京：中国人民大学出版社, 2017: 70.

　　"联系＋发展"战略之所以被视为创新过程中极其重要的因素，是因为在所有的创新流程中，可以把自身专业知识与外部合作伙伴所拥有的知识相结合，形成协同效应。这就需要企业有强大的知识网络，能够将有用的知识迅速地定位并建立"联系"，最终通过研发、强化得以"发展"。

📋 案例：空气清新剂和筷子[1]

　　宝洁与中国竹制工艺品行业的味老大，一个是消费品巨头，一个是制造竹筷子、竹砧板和竹笔筒的，能够一起碰撞出什么新火花？

　　2005年，美国的宝洁研发人员正在为纺必适（Febreze）品牌的新品设计大伤脑筋。纺必适被宝洁定义为10亿级的品牌，它采用独一无二的除臭技术，满足了实现空气、织物等清新的要求。这款电子香精释放器的容器材料，宝洁不打算采用传统的塑料，而是倾向于采用竹木等自然材质。但竹制品的研发和生产制造并非宝洁的强项，在"联系＋发展"创新理念的驱动下，宝洁开始寻找竹木加工的解决方案和制造商。这个过程比想象中要难得多。一是材料问题，竹制产品的含水率波动很大；二是制造要求很高，器具工差的要求是0.5毫米，比普通一张纸的厚度还要薄。采用批量生产，单批次至少几百万件，对于一般的手工作坊式的竹制品企业，这是很难完成的。规模，是一个极大的挑战。

　　经过两年的伙伴寻找，宝洁器具研发部终于锁定了味老大作为合作伙伴。2008年年底，宝洁和味老大签订合约，一个新型的研发制造组织诞生了。宝洁器具研发部，需要与味老大的采购部、设备部、技术部进行通力

【1】 本案例来自宝洁网页. https://www.pg.com.cn/News/Detail.aspx?Id=708.

协作。每个星期宝洁都要和味老大开电话会议，宝洁美国总部的人员也多次到仙居县拜访味老大，而负责生产和质量的人，几乎每星期都去味老大工厂。

中国竹制工艺品行业的产品精度，误差平均在3毫米左右。而宝洁对新品的要求是在0.5毫米以内，而且是百万量级的批量。味老大要在大规模的基础上，将精度误差缩小到1/10以内。这个挑战的难度可想而知，味老大很难想象自己可以完成这样的极限攻关。

双方不断磨合，宝洁全球制造的精髓，在源源不断地输送给这个县级企业。例如，做方框的工序一共有20多道。其中有几道工序是控制尺寸的关键点，方框里面又有很多槽位，按照常规方法要把这个形状做出来，一般企业的机器要两至三道工序。最终，味老大发现了一种全新的工序，可以一次性加工出来，也终于找到近似的机器，通过设计和改造，成功突破加工极限，并在当时成为企业制胜的法宝。

与此同时，味老大的企业文化和管理体系也在悄然发生改变。从工艺研发开始，到做样品、生产，双方合作不到6个月的时间，就实现了几百万件产品的装船运货。

通过宝洁"联系+发展"中国的合作伙伴，新型的供应商关系已经出现。一方面，味老大通过与国际品牌商的合作，不仅斩获全新订单，而且大大提升了质量意识和生产效率；另一方面，宝洁也信心大增，增加了配件产品的非塑料材料的比例。宝洁之前做塑料材料比较多，因此设计结构也比较适合塑料脱模，但对于竹木制品，则并不适合。通过味老大对竹料物理性质的理解和反馈，宝洁的设计研发部门对于环保型材料的驾驭能力也大大增强。

/ 第四节 /
为供应商创造价值

　　如何与供应商共同创造价值？合作的前提是产生收益，这是每一个制造商需要优先考虑的问题。

　　很多产品的性能问题，看上去应该是由设备供应商解决的，但由于缺乏对工艺的理解，制造商反而更容易发现问题的根源。这个时候，联合是最好的创新途径。生产冻干粉针剂产品的绿叶制药，需要使用灯检机对注射剂进行外观检测。最初，绿叶制药从某公司购买了半自动灯检机，但在使用过程中，制造体系员工发现半自动灯检机存在如下问题：检视区位置较小，仅能容纳一名操作人员进行外观检测，为最大限度保证产品质量，只能放慢检测速度，严重影响了工作效率，并且即使在这种检测速度下，一名操作人员也难以同时对被检瓶及瓶内制品进行全方位的外观质量检测，无法检测出所有的不合格品。针对存在的问题，制造体系员工对灯检机进行了设备改进，通过改进得到了更好的效果和更高的工作效率，并及时与知识产权部沟通，申请了专利。

　　对于该专利，设备供应商非常感兴趣。最后通过与供应商协商，绿叶制药将专利独家授权给供应商使用。作为回报，供应商在绿叶制药购买设备时给予一定的优惠，而且在设备制造时将优先满足绿叶制药的需求。供应商使用了这项专利技术以后，其产品在行业里迅速铺开，取得了很好的效果。

173

在当下，随着工业互联网平台的发展，由于涉及多方的应用，出现了很多以前所不曾遇到的场景，合作模式也变得更加复杂起来。例如，机器视觉正在逐渐渗透到制造环节中，而质量检测则是一个重要战场。当前，机器视觉一般提供的是定制化的解决方案，从镜头、工控机到软件算法一起打包提供。其中最为昂贵的就是软件算法。然而，这种方案往往因价格昂贵，一般企业很难接受。

从单一机器视觉厂家来看，目前行业上的机器大都是单机状态运行的，每台机器装一套，针对某个应用再去调动算法。这对企业来说是一笔较大的投资。而海尔卡奥斯COSMOPlat工业互联网平台正在尝试的一种方式，就是与机器视觉和网络交换机提供商一起联手，按照服务向用户收费。这是一种"收益收费"的模式，它可以用于良品检测，按照发现的不良品数量和价值进行收费。由于这些算法被放到工业互联网平台上，因此可以通过云端或边缘计算的部署和协同来减少工业主机的配置量。这样应用起来，只要配置摄像头光源就足够了，从而大大降低应用企业的运营成本。

但是，对于已经成熟的机器视觉厂家而言，并无改变的需要。真正的压力在于，由于边缘端计算能力的急速提升，许多工控机已经开始将相机和嵌入式计算机结合在一起，这给机器视觉厂商带来了很大的压力。另外，在机器视觉解决方案中，最重要的是算法和训练模型。这给许多跃跃欲试的初创企业提供了大量的机会。对于这些以专业模型和算法见长的小公司来说，就像搭载在同一发射架的多颗卫星一样，会大大降低推动使用的商业成本。

基于这种工业互联网平台，就能够实现机器视觉的订阅服务，把很多不同的产品模块化，再根据不同行业的一些属性进行组合，把碎片化服务做成订阅制模式，为终端用户提供服务。

然而，许多细节还需要考量。例如，5G时代的运营商，对于工厂流量的收费也处于探索阶段。尽管面向个人的5G收费已经有确定的模式，但面向企业的收费模式基本还处于不确定状态。最直接的就是提供基站维修服务，以及智能路由器CPE，可以把5G转换成WiFi信号，转移终端。一个CPE数千元，硬件费用好收，但流量费怎么收，还需要仔细斟酌。工厂对按照流量收费是否会坚决抵制？因为大量的数据流动并没有产生价值。如果面向5G时代的工厂，仍然采用数据流量收费模式，基本是行不通的。目前三大运营商正在跑马圈地，让工厂先装先试先用，至于账单，用完之后再说。都说5G改变社会，而如何实现改变工厂，却还在探索中。

这就是工业互联网平台当前给人们留下的一个愉快的邀请。如何对利益进行设计与分配，也是灰度创新中需要重新思考的问题。多方利益攸关方需要坐下来协商，以共同应对未来的商业模式。前途并不确定，这正是考验人们在不确定的边界下如何决策的一个舞台。时代之眼，正在观看。

📄 **案例:** 寻找最大公约数

印刷电路板（PCB）行业是电子信息产品制造的基础产业。PCB行业企业期望能在物联网时代继续占据领先的位置。但是想要创新，光靠内部的创新，力量是有限的，一定要结合外部的资源，才能实现最大的驱动力，这已成为行业的共识。

在这种情况下，致力于推动智能系统建设的研华科技公司，联合了五六家供应商和三家PCB用户结成"PCB A-Team联盟"，共同推动物联网平台在板卡行业的落地。对工厂而言，只有数据，无法建模。而对工业互联网平台而言，只有模式，没有数据和业务支撑，也毫无价值。

其中参与建设的三家PCB供应商，对远景目标率先做出了行动。这三家皆为全球领先的企业：欣兴为全球前五名；耀华为全球前三十名；敬鹏处在车用电子PCB领域前三名。但是三者也有明显的细分市场，产品差异度较大，分别用在卡车、公交车和轿车上，各不相同。如果是完全同质的高度竞争，那在一开始数据使用权机理还不太清晰的时候，反而容易引起猜忌，影响合作。

这意味着，工业物联网平台的初始用户联盟，可以取最大相似性：都在电路板领域，都可以找到一个标准协议，这才能形成平台的规模性，使社会效益最大化；同时也要有特殊差异性，在专业领域的工艺上，不同板块仍然有细分的不同专业知识。

这三家PCB供应商，对数据都高度敏感。一开始探讨合作的时候，三家厂商也会担心数据的泄露问题。对此，研华对数据的使用权做了详细区分。对于厂内私有云的数据，会设立层层交换机制与权限；部分资料经过允许才会发布到公有云上进行交换。尽管工厂的生产数据都是很完整的，无论是工单、生产信息，从厂家可以看得一清二楚；但在数据传递的过程中，经过加密处理和权限设置的过滤，最后提供出来的脱敏数据，完全是可以接受的非商业价值的信息。这就大大降低了用户的担忧。三家供应商最后都采用了研华数据平台的私有云方案。尽管平台是研华的服务器及物联网平台所打包的私有云，但各厂商都拥有数据隐私。

进行了前期的共识推演之后，PCB A-Team 2018项目团队正式成立，形成了一个执行管理委员会。这是由多方形成了一个混合编制的舰队。在顶层的团队组织中，三大用户也派出副总裁级人员，与研华管理层一起组成了顾问团。

而在具体环节的技术应用中分工明确。迅得机械负责整个工程与电控系统的整合，包含数据采集、参数监控及设备状态检查等，利于后续数据分析。研华科技负责各种制程设备机器的联网方案，将所收集的生产资料转至研华的物联网平台（WISE-PaaS）；鼎新则来整合PCB厂的制造执行MES系统，负责IT运营，管理解决方案与过程数据；设备资料采集的网关软件，由研华委托给机械所整合到研华的物联网平台和SECS上，并支付项目开发费；而研华委托工研院电光所开发的应用软件（online SPC），知识产权属于研华，能够以AI进行大数据分析良率预测，并作为自动排程因子之一。这些应用App解决方案实现了对整个制程管理的统计，并且按照设备机联网通信协议的标准导入，实时监控产线流程，提供更精密的生产制程参数监控。项目组共有100多人，研华为主导厂商，在固定月份会进行高层讨论，所有联盟厂商出席，由研华技术长主持。研华同时派出不同的产品经理，分别入驻各个大组之中，统一进行协调，基本分工图如图7-1所示。

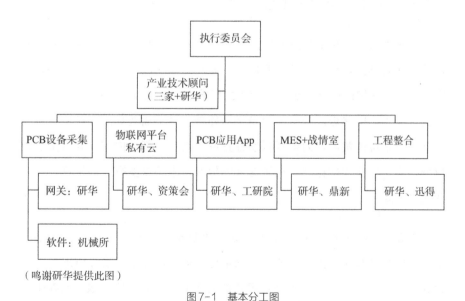

（鸣谢研华提供此图）

图7-1　基本分工图

实际执行中还碰到了很多困难，例如，IT厂商对PCB产业知识了解不足，这需要通过大量的口头交流，才能使IT厂商学会把制程与系统相结合；

而既有产线生产不能停机，则需要选准工厂的周/月保养日，提前分解出大小不同的任务，以便进行机台改造与程序更新。虽然，这让系统的导入放慢了步调，但却保证了产线的正常运转。

在这次合作中，有一个重要的媒介角色，那就是电路板协会。为此，研华也充分跟该协会对接，进行充分沟通。协会也逐渐清楚，要在未来保持领先，数据是关键。然而无论是ERP、MES，还是设备实时数据的处理，都不是单一厂商能够完成的。企业内部创新机制有瓶颈，容易卡住。在进行方案交流的过程中，参与者最大的共鸣就是：相互之间，各自都像一个拼块，只有结合在一起，才能变成一个完整的拼图。这使这个项目，得到了各方高层普遍的认同。显然，工业互联网的实施，比以往任何时候，更需要大家具有合作意识。电路板协会对行业的熟悉度，嫁接了对工业互联网的认知，成功地实现了PCB板用户厂商的率先入局。

另一方面，从整个产业考虑，PCB行业必须要有一些机台联网的统一标准，从而真正实现产业的协同制造。为此，电路板协会积极与工研院进行联系。工研院以前就制定过半导体的标准SECS/GEN（国际标准），但体系比较庞大。电路板厂的机器设备相对简单，并不需要如此复杂的标准。因此工研院量体裁衣，为电路板协会提取了其中一部分内容，并做量级的拆分，实现轻量化的标准。有了这样的标准，未来更多行业的快速连接才会成为可能。

PCB A-Team打算在两年内达成三大目标。第一，建设符合PCB产业需求的标准解决方案的工业互联网平台；第二，将三家核心PCB厂打造为先进的示范案例，实现可复制可扩散的目的，引导产业升级。而在下一步，研华及其伙伴需要对当前的获利模式进行评估，以考虑是否成立一家共创公司，并复制到其他优势产业，如金属加工、制鞋等产业。

第八章

Chapter 08

灰度创新的基本法则

　　灰度创新有时候是一种实现战略目的的本能需要。它可以很容易在寻求外部的合作方时碰到，也可以是决策者在资源规划的时候所做出的深思熟虑的决定。但是，如何让灰度创新变成一种基本的战略选项，成为企业家的一种熟练技能，就需要了解灰度创新的法则。这会让一个制造业企业更好地驾驭外部力量并为己所用，以有限资源获取最大的创新价值。

/ 第一节 /
灰度创新是设计出来的，而非自发完成的

　　即使放到企业中，灰度创新也需要非常好的设计。这个时候，一个企业内部有一位灰度创新大使，就显得非常有必要。他会解决从顶层设计，到跨机构之间如何相互融合等一系列问题，包括人员合作、工作方式、主导权、沟通机制、团队构成、资金出处等。

　　波音777是历史上第一架数字化飞机。它号称"无纸化飞机"，因为它的设计完全是数字化完成的，减少了昂贵的制图和实物模型费用。然而该项目在开发前，一直在设计阶段进行打磨。从1987年构思新飞机的初始概念开始，花了四年时间构思才通过。同比波音747，只用了不到一年时间。然而早期阶段过于仓促上马的波音747，后期更改导致机身装配线下线的时间大大延长；波音777完全按照时间进度安排，于1996年顺利投产，交付当天就做好了售后服务的准备。二者的差别，就在于系统工程的智慧，应该一开始就做对，最好是第一次就做对。因为设计研究成本远低于开发成

本和生产成本，所以需要在早期设计研究中获取足够多的用户需求。

如此高效开发的一款飞机，背后有严密的灰度创新机制使其设计、制造、交付得到保障。波音777客机有2万多个零件，在12个国家和地区的241个公司制造。波音777首席工程师康迪特（Condit，后来升任波音公司总裁）特别重视组织间的合作机制，可以算是熟稔灰度创新的"一级大使"。美籍华人科学家欧阳莹之在《工程学：无尽的前沿》一书中记录了波音777的开发过程。为了更好地实现知识共享与信息流动，激发各方的斗志和创新意识，在1990年正式开发波音777的时候，提出了"携手工作倡议"（Working Together Initiative）。这是波音公司和航空公司为并行工程所提出的一个专用概念，它们把各个团队汇集在一起，包括工程研发中心、航空公司、供应商、制造商，甚至售后服务部门。这些人员都被推向项目的最前端，共同确定飞机的需求[1]。与此同时，波音启动了"魔法与魔术师同在"（The Magic，The Magicians）的广告语[2]，广告语被张贴在附近的广告板上，同时发布在机舱杂志上。

为了克服不同部门之间的文化差异，康迪特把波音777开发人员分配到各个设计制造团队中，形成了许多具有交叉功能的设计—制造团队小组，这使得"携手工作倡议"极其高效。在高峰期，这样的小组高达238个[3]，每个小组都负责一个小的子系统。

波音777创造了航空公司可以积极参与设计的机制，有助于设计研发人员更好地倾听用户需求。每个项目领导人可以通过约见客户来重组工作环境，不需要让设计工程师独自猜想场景。实际上，在构思概念的阶段，大

【1】 欧阳莹之著. 李啸虎等译. 工程学：无尽的前沿[M]. 上海：上海科技教育出版社, 2017: 217.

【2】 https://www.boeing.com/boeing100/stories/2016/october/making-magic-together-10-16.page.

【3】 欧阳莹之著. 李啸虎等译. 工程学：无尽的前沿[M]. 上海：上海科技教育出版社, 2017: 221.

量的航空公司和飞机租赁公司都被邀请前来参与设计决策[1]。

而波音777的航空信息管理系统（AIMS，Airlines Information Management System）作为66个航空器系统之一，由霍尼韦尔公司与波音公司联合开发。AIMS是当时最大的集成计算机系统，软件代码行数达到62万行，占波音777机上非娱乐软件的1/3。作为一个平台，它需要与各个航空电子系统对接。跟波音公司的系统分解方式一样，霍尼韦尔公司也把AIMS功能模块分解成7个大组群，每个组群配置多达一百人的软件工程师。

正如波音公司必须与航空公司紧密结合一样，霍尼韦尔公司也与波音公司设计制造部门紧密结合，并且可以随时质疑这些需求。霍尼韦尔公司的65个工程师，前往波音公司西雅图总部（现已迁到芝加哥）并待了3个星期。为了便于系统集成，两家公司专门为团队建设了专用电子化沟通系统，而且每天都要召开电话会议。为了应对需求方不停地更改需求，二者达成一项协议，只有大规模影响波音777标准的时候，才允许更改设计。在最后的波音公司工程师的报告中，对霍尼韦尔公司如此评价，"霍尼韦尔公司的参与者做出的关键贡献之一，是确保波音公司坚持聚焦在必要的系统需求，而不是附加新的东西"。双方都认识到"系统需求不靠外加补充"原则是高度有效的，这也防止了波音公司对霍尼韦尔公司创新的干预[2]。尽管二者是供应商关系，但并没有"等级高低"的组织牵制。

没有对组织设计的严密思考，没有对工作机制的设计与约束，复杂制造工程的灰度创新是很难发挥作用的。

【1】 欧阳莹之著. 李啸虎等译. 工程学：无尽的前沿 [M]. 上海：上海科技教育出版社，2017: 388.

【2】 欧阳莹之著. 李啸虎等译. 工程学：无尽的前沿 [M]. 上海：上海科技教育出版社，2017: 232.

/ 第二节 /
开箱法则 Think out of Box——跳出局外

戴明先生在《戴明的新经济观》一书中指出，任何系统都需要来自外界的指导，系统无法自行了解自己[1]。这就是系统的动力学，它不仅包含了一个企业内部的动力，也包含了外部子系统的动力，二者只有结合起来才能形成一个完整的动力。

乍看上去，这一观点似乎是在质疑一个企业系统的自我造血能力。实际上，在系统之外，审视运行机制和设计思路往往会打破成见，产生颠覆性的想法。

工厂的麻烦约94%来自系统，也就是管理者的责任；只有6%来自特殊原因[2]。因此，解决问题的重点主要是来自系统，而系统必须靠正向设计来解决。成本不是原因，成本来自原因。

著名的质量大师戴明曾经举过一个例子。汽车发动机和传统系统内部都有电气组件，一个汽车工程师重新进行了设计，只需要将发动机进行一些变化，传动系统就不需要组件，从而可以减少80美元的成本。这样的变化会使发动机的成本增加30美元。尽管整体可以节省50美元，但这个创新

【1】 W. 爱德华·戴明著. 钟汉清译. 转危为安[M]. 北京：机械工业出版社，2016.
【2】 W. 爱德华·戴明著. 钟汉清译. 戴明的新经济观[M]. 北京：机械工业出版社，2015: 25.

还是被发动机的财务部门砍掉了。因为他们的工作不是考虑整部汽车的成本，而是只负责把控发动机的成本。因为，发动机是一个独立的利润中心。

在传统的行业中，广泛地存在着产业跃迁的机会。传统产业，不能简单地称之为低端制造而被一笔带过。纺织业就是一个很好的案例。过去20年正是国外纺织业发生颠覆性跨越的年代，欧盟在2000年建立纺织创新平台以制定纺织向功能化、智能化发展的规划，将传统纺织转移到发展中国家；美国国防部累计投资50亿美元发展士兵装备智能化、轻量化研究计划，在2017年以革命性纤维与织物为主题成立美国先进功能纤维创新平台（AFFOA），以期在5年后实现产业化；日本制定碳纤维和纳米纤维高性能纤维战略项目；德国制定2050年纺织战略，其前瞻性和务实性并举的做法，为全世界的产业规划提供了一个标准化的样本。

在中国，纺织业却被看作是污染大户，属于耗费水资源的低端产业。然而，在纺织业漫长的产业链条中，印染却是最重要的。因为所有的面料都有着色的需要。但传统印染技术必须消耗大量的水，这也是由行业属性决定的。因为印染材料，以往都是在锅里炒出来的，成功率和精度很难控制。而印染过程需要各种颜色稳定剂。在印染企业技术中心，都是凭借老师傅的经验工作，很难做到数字化，这导致变数很多，每一种不同材料的印染都要重新设定机器的参数。

问题出在哪里？尽管印染的附加值在整个纺织业制造环节中是最高的，但它的标准化程度反而是最低的。

长胜公司注意到了一个非常有意思的跨界问题：印刷业，为何能够领先印染业20年？

印刷业与印染业在20世纪60年代使用的技术是相似的，皆以丝网印刷的方式来印图案。不同的是，印刷业并非直接印刷，而是以转印方式来发展。通过标准化的转印媒介，克服被印物材质上的差异，带来了质量上的飞跃、高速的生产效率与极低的生产成本。

在印刷业中，印刷的对象是纸张，纸张是不变的，通过设备来管理，不管谁下订单，印刷质量都是一样的；而印染业印染的对象是布匹，被印物的多变性导致无法保证印染效果的一致性，这些都使标准化会更难。

简而言之，印刷可以通过转印实现高速化，墨水、印刷速度标准化，同时纸张也越来越精致。即使卫星传递、异地印刷，也绝不会出现色差；而印染则不同，它往往需要本地化生产。主要原因是无法标准化，也达不到精度。即使采用卫星来传递数据，异地印染仍然有色差。

印刷业是靠设备去管理，而印染厂却要靠人去管理，这是最大的问题。印染的标准化必须在高度自动化的基础上来完成，突破上述设备的限制问题。如果进一步思考，就会发现印染为何很难标准化——这里面最大的问题就是助染剂的不确定性。

在传统染色工艺用的分散染料中，约有一半是分散剂、助染剂等填充剂，而在染完的后段工序，还需要再用水洗掉这些填充剂。一来二去，形成了大量的水浪费。如果不需要助染剂（一年有数百亿元的规模），把用水量大幅压缩下来，甚至采用免水洗的无水转移染色工艺。那么从工艺上来讲，就可以去掉"水"这个中间环节，带来的是成本的下降和污染的降低。

答案呼之欲出，借鉴印刷的标准化技术，设计之初就把"水媒"排除在外，推动印染这个"不规范"的环节走向标准化。通过这条"局外之路"，印染行业正在面临一次根本性再生的机会。工艺环节随之全部被重新设计，印染材料、设备、系统也都需要一个全新的整合。跨界制造、设计与制造的结合，产生了巨大的力量。长胜公司现在使用的冷转印技术，能够在染色过程中减少用水93%，减少能耗70%以上。

灰度创新的存在也在提醒一个企业甚至一个行业，如何采用系统观来全面看待系统内外部的关系。只有打开系统的外部天窗，让新鲜空气流进来，系统动力才会更加生机勃勃。

/ 第三节 /

一张桌子两家用：企业内部的墙，早已有之

通用电气的CEO韦尔奇早已指出，企业内部的鸿沟是大企业中的头号顽疾。研发与制造必须联合，打破企业部门之间的壁垒，才能实现企业核心竞争力的发展。

例如德国费斯托公司的学习工厂，就是打破企业部门之间壁垒的例子。费斯托公司以气动元器件及执行系统闻名，而它的学习工厂，也是自动化领域独具特色的培训机构。费斯托公司拥有一个实验性的大号工厂。当工人在厂房组装产品的时候，质量和测试工程师就会环绕这些工人工作。每当工人在组装产品过程中遇到困难时，质量和测试工程师就会一起来解决问题。如果这些工程师不能解决问题，就把负责这个项目的设计工程师从旁边的大楼请来一同解决。这个生产基地拥有1000名设计工程师，设计工程师对他负责的项目全程负责到新产品能够正常运作为止。全球领先的刀具公司山特维克也是如此，工程师与研发设计人员共同协作，快速

完成从设计到商品的转化。

而企业之间的对接则需要更加复杂和精准的设计。富士康公司最早与苹果公司合作生产iPod的时候，为了更好地与苹果公司对接，设立了与苹果公司完全一致的平行部门，苹果公司有什么部门，富士康公司就有什么部门，以便于二者充分地交流，让富士康公司员工能够理解苹果公司的文化。苹果公司员工到富士康工厂对接工作，完全没有障碍，有的时候，装修风格都保持一致，甚至连卫生间都设计成一样的。

工业工程是富士康公司崛起的基础，而与苹果公司保持最大限度的组织与文化的一致性，则是背后看不到的合作创新的隐形影响因素。

北京精雕公司的团队和富士康公司直接在一起办公。租下整整一层楼，工程、研发、设计，都是围绕着用户转。北京精雕公司拿下富士康公司的屏切割的项目，一举成为行业翘楚。山特维克公司的刀具有自己的钢材部，铁姆肯公司的轴承，曾经也有自己的钢材部门。现在即使已经分离，但他们与上游钢厂的结合仍然非常紧密。

全球领先的农机机械制造商约翰迪尔的总部，占地8500亩，风景秀丽，有多种野生动物，充满了农庄气息。研发人员几乎可以像农场主一样同位思考。

这些看上去虽是形式上的东西，却是灰度创新得以发生的重要土壤。

📋 案例：从技术到组织——菲尼克斯与中控的联合研发

◆ 走向战略伙伴

2005年，工控界中高端DCS系统市场主要还是被国外西门子、霍尼韦尔、ABB等知名公司占领。为了提升产品竞争力水平，位于浙江省的中控公司，联合德国菲尼克斯电气集团中国公司，希望将中控数十年的DCS系统现场应用经验和菲尼克斯电气公司的工业设计、产品研发理念融合凝聚，开发新一代DCS控制系统WebField ECS-700，打破国外产品的垄断。

尽管菲尼克斯此前一直是中控公司重要的产品供应商，但都只提供标准产品。而这次，中控公司需要全新研发和定制，菲尼克斯要从产品供应商转变成为研发战略合作伙伴，这需要很大的勇气。当然，这个考验是针对双方的。

首先这个决定需要高层拍板。对于菲尼克斯中国公司，研发团队刚成立不久，这是第一个真正意义上的本土研发项目，存在许多不确定性。然而面对如此重大机遇，菲尼克斯很快就决定接下这个挑战。为了更好地完成这个具有历史意义的研发创新任务，菲尼克斯中国公司决定引入集团富有经验的研发力量，形成了一个双方三组的合作局面，并确定了ECS-700系统整体研发和设计的研发内容和分工：菲尼克斯中国公司负责DCS系统中I/O电源壳体和新型布线技术的设计，而菲尼克斯电气集团则负责完成仿真验证和模具制造。

确定方向之后，双方马上成立联合开发项目组。菲尼克斯采用项目制，总经理亲自督战，下设两个项目经理，一个是德方项目经理，带着设计工程师和质检人员；一个是中方项目经理，带领设计和制造工程师团队，由中方项目经理负责协调；而项目经理则由总工程师牵头，总工程师是这次DCS系统开发的项目总负责人。如果更复杂地来描述，各方参加的项目成员都有研发、制造、产品质量控制、采购、财务成本核算等人员参与其中，而在前期的专利申请和后期的商务与物流阶段也是一样。这种近乎全员式的接触，大大加深了员工对该项目的感知性，也使该项目能够得到双方员工的充分支撑。

◆ 头脑风暴与交流机制

项目启动伊始，双方就举行了密集的头脑风暴，主要围绕需求的可行性进行讨论，包括系统布置的合理性、壳体安装、可靠性、振动性、可维护性等。

从分工来看，中控公司负责电路板、元器件，菲尼克斯电气负责导轨、支架、壳体和底座等结构件。但由于结构件与电路板紧密相连，元器件的不同要求不同的电路板尺寸，而电路板的尺寸也会反过来限制元器件的尺寸。

这意味着双方从一开始就需要密切接触和配合，头脑风暴从一开始就变得很热烈。大量的讨论，让会议室变成一个密集轰炸的临时战场，接踵而来的想法就像是子弹。按照当事人的说法，"就像在战场上打仗一样，耗光了所有的弹药。"那种思想碰撞的深度辩论，让双方很快就融入在一起，团队成员往往会忘记自己代表的公司，沉浸在技术问题的讨论中。

在开始的时候，双方约定三组项目经理，每两个星期就必须碰头一次；过了一段时间之后，则规定为每个季度必须三方面谈。遇到紧急重要的议题时，则会组织召开视频电话会议。而中方与德方的信息流采用统一管理，所有的文档、图纸、会议纪要、商业文书等，都采用英文和中文两种，德方图纸和中方的图纸严格统一，确保整个流程中基本语境的一致性。日常项目文档、图纸资料等，则通过公司内部的数据管理平台（Work Manager）交互传递。由于使用统一的研发平台，项目文档、图纸资料的命名不存在多义性，而且可以随时更新和追溯，极大地提高了团队之间的协同效率。

◆ 专利问题

在产品开发过程中出现了很多专利技术，如无螺钉固定的快锁插拔装置、热插拔技术、自然通风散热造型等。而这些创新源头，都是由双方互动而来的。中控公司提出要求，希望可以免工具实现快速安装，菲尼克斯的工程师们想到了"无螺钉固定的快锁插拔装置"。这个机构从力学原理上来说，就是利用了物理学中的杠杆原理。而在菲尼克斯为国内南瑞集团电力系统安装的各种自动控制装置中，已经有近30多年的成功运行经验。而这次，应用在分布式控制系统DCS中，还是首次尝试。工程师们对原有的模块进行了改组，首创了无螺钉安装的产品模块，从而解决了设备安装维修插拔过程烦琐不便的问题，这大大简化了现场操作。而类似的原理技术，使菲尼克斯在后续十几年的其他项目应用中，也得到了广泛的技术复用。

有了前期的磨合，双方团队工程师的合作热情很高，不断提出新的创意。针对现有产品散热困难等问题，项目组成员深入研究控制柜的风向流动的动态特性，对设计壳体的通风方法进行了反复多次的风洞实验，并在德国菲尼克斯电气集团总部仿真、试验。使得散热设计符合功耗要求，符合PCB板的规定发热量。控制柜的振动、可靠性和模具仿真，也在德国做了一系列测试。最终确定了最佳的壳体布局结构，采用了最利于散热的竖式排列，从而颠覆了传统的横向排列方式。同样，创新拉钩式弹簧不仅申请了专利，而且成为后来DCS系统模块安装的标准。

而对于这些专利，双方在一开始就有约定。因为需求是中控公司提出来的，不能供给第三方使用；而结构是菲尼克斯设计的，中控公司也不能直接拿走自行复用。因此，所有开发过程中形成的专利，都实现了共享。

◆ 合作理念与项目流程的看法

项目一开始采用了德国严谨的研发流程，每一步都有流程保障、文档存储、分歧记录等。一开始中控公司对菲尼克斯的项目管理方法、设计流程等不是十分理解，认为这种项目管理流程太复杂太麻烦，周期太长。中控公司甚至有人认为，这样的项目在中国3个月就可以搞定。这种对项目流程完全不同的理念，也导致前期大量的争论。

由于企业文化不同，合作中自然会有理念的碰撞，即使在菲尼克斯内部，中方项目人员与德国同事也有认知上的差异。二者一度产生了"中德脑袋一圆一方"的说法。初始阶段，"圆脑袋"和"方脑袋"的碰撞与融合，是项目双方最为痛苦的时候。

一方面，用户希望短、平、快，尤其是委托方位于浙江的竞争环境，当时低端的同行资源十分丰富，产品价格竞争十分激烈，且市场反应速度快得惊人。另一方面，如果完全按照德方的做法，那么菲尼克斯中国公司根本就没有什么利润而言。这是一次三方理念的碰撞。

解决问题的最好态度，第一是坦诚，第二是换位思考。

一方面，要从用户要求的角度出发，把问题说清楚。在成本、速度、质量、创新等开发要素中，让用户能够认可质量和创新是这次产品研发和项目合作的出发点。另一方面，充分理解用户的心思，从技术专业领域的角度系统分析，并设计出高端、中端和低端等不同方案，让用户自己选择，最后再做优化。三方围绕产品的功能、造型和性价比反复沟通，仅仅关于产品的造型，菲尼克斯电气公司就提供了10套设计方案，让用户参与"海选"。不同的方案有不同的内涵，其结果完全取决于用户对产品未来的市场定位。这种从技术专业领域的角度去展示产品的方式，起到了很好的换位思考的作用，极大地促进了双方达成共识。

在整个过程中，项目组成员逐渐接受、理解和认可菲尼克斯电气公司关于产品全生命周期管理的研发设计流程。项目研发结束后，中控公司不仅肯定了项目的研发成功，而且感受到了德国人的严谨。同时，中控公司还接受了菲尼克斯项目管理的理念，还要求进一步进行项目管理的系统介绍，并跟着一起学习组织管理和项目管理，在每个节点的检查清单都做了仔细的询问和记录。后来中控公司也将其中的管理理念融合到了后续产品的开发过程中。

◆ 两头兼容

菲尼克斯中国公司也有自己的收获。在技术消化吸收的基础上，突出了"本土适应性"的特点。本地工程师更注重倾听用户的声音，喜欢快速迭代，而德国工程师更关心系统的可靠性、耐用性和品牌声誉。因此，菲尼克斯中方人员，需要准确地把握合理与不合理的界限，既不能轻易地迎合"客户上帝"的口味，又不能一味地向德国总部的"技术权威"妥协。

这是一个细心倾听的过程。首先要了解客户的需求，让客户充分发表观点，并做充分的记录以便日后的复盘，"替客户记录心声"。客户也多次前往德国的制造工厂，实地了解现场工艺。而在实际操作中，如果发现不合理的要求，菲尼克斯的中方人员也会大胆行使否决权。如果完全按照客户的建议，表面上是尊重，使客户在短期内十分高兴，但从长期看是对客户的不负责任。这一点，中控公司也表示了豁达的态度，"如果什么都听我们的，那还要找菲尼克斯干吗？"这个十分经典的观点，凸显了"专业的人做专业的事"的专业化分工。

菲尼克斯电气集团中方和德方的合作一波三折。由于两国制造业技术水平不同，菲尼克斯电气集团总部对中国的设计与制造要求会提出很多问题，菲尼克斯中国公司就起到了减震器的作用，最大限度地进行缓冲。既要充分发挥菲尼克斯电气集团技术平台的优势，又不完全盲从总部的技术权威，坚定地把中方的制造现状告诉德方。项目进行中，一直是结合中国制造的工艺现状，来考虑产品的"三性"（可靠性、可控性、可行性），在满足产品功能的前提下，同时考虑制造工艺并兼顾产品造型，而不能反向倒推。大量的沟通，直率的讨论，以及多样化的思路对策，也让菲尼克斯总部理解了中国项目的一些特殊性。而菲尼克斯德国项目的经理非常高兴，他意外地成为一个中德工业文化的使者，并且因此爱上了中国。在此后十多年中，回忆起当年通宵达旦热烈讨论的时刻，这些不分甲方乙方的伙伴之间的友谊，成为他最美好的记忆之一。

◆ 包容走向成功

在为期两年多的合作过程中，技术规格说明书不断升级，前后更改了十余次。因为PCB板、元器件和结构三者相互关联、相互影响，为此发生的更改说明可能造成项目研发费用的变动，均以项目变更备忘录的形式做好记录。对于项目的重大变更，则请示高层定夺。尽管中间费用在不断增加，总预算也在不断增加，但中控公司对这样的项目寄予厚望，对各种更改给予了高度的包容性。总合同并未更改，这完全取决于双方的信任。

最后，该系统从外观到性能上均突破了传统设计理念，扩展了传统自动化系统范围，由此中控公司极大地提升了在DCS领域的竞争力和影响力。而这次合作，对菲尼克斯电气中国公司也是一个巨大的提升，对以后许多项目都起到了先导性的示范作用。

一次好的合作，不仅是某一环节产品设计的创新，而且是整个研发过程中管理理念的创新。战略合作不仅在产品开发，还在项目管理、研发设计流程、产品质量、知识产权专利性等诸多方面进行了有价值的探索。

合作双方在成功地实现灰度创新之后，都经历了一次成长。

/ 第四节 /
找寻企业的灰度大使

企业边界彰显了一个组织的独立性，它就像是一个工厂的门卫或围栏，提醒着一种刚性文化的存在。即使在企业内部，部门之间的边界同样是隐形的高墙。而灰度创新的关键点就是软边界，即在两个边界相互搭接最湿润的土壤，让灰度创新具有一展拳脚的天地。

灰度大使，就是"行走的知识聚宝盆"。他就像蜜蜂一样，把创新的花粉，带到不同的地方去。在合适的地方，就会结成果实。灰度大使，往往具有不同寻常的语言转化、认知转化的能力，能够找到二者之间的交叉语言。在松下面包机的开发过程中，来自企业的灰度大使与国际饭店的面点大师一起互动，成为一个灰度大使的典范。

在著名的知识运动之父野中郁次郎的名著《创造知识的企业：日美企业持续创新的动力》一书中，描述了松下公司在1987年如何成功地发明家庭用全自动烤面包机的故事[1]。它详细地解释了开发团队之间是如何从设计

【1】 野中郁次郎，竹内弘高著. 李萌，高飞译. 创造知识的企业：日美企业持续创新的动力[M]. 北京：知识产权出版社，2006：109.

理念开始，到共享组织成员和外部成员（面点大师）的经验，实现了暗默知识（隐性知识，指那些"可意会不可言传"的知识）的转移。作为一个知识创造实例的典型，松下公司的自动面包机取得了惊人的成就，它可以像面点大师一样，烘烤出香喷喷的面包。这个例子描述了三次知识螺旋上升的过程。其中第一次的原型机开发和第三次商业化的知识传递与共享，创新都是来自企业内部人员，尽管会涉及不同部门，但可通过协同来完成。

而在第二次关键性的知识螺旋上升的过程中，知识的传递有点与众不同。因为知识的拥有者来自组织的外部成员：饭店里的面包大师。松下公司的工程师很难理解面包大师对关键环节——揉面是如何进行控制的，无法进行更好的设计。研究人员甚至把面包大师的面团与机器生产的面团进行了X光检测和对照，也没有发现任何有意义的线索[1]。最容易实现的做法是让面包大师来企业内部指点几下，或者讲几次课，这个原型机就可以更完善。松下公司的一名软件工程师做出了不同寻常的举动，亲自登门拜访并正式拜面包大师为师傅。面包大师的一举一动，被软件工程师用各种方式，包括口诀化、总结化、意象化等方式表达出来，机械工程师再将其转化成"转子快一点""转矩大一点"等机器参数。通过与面包大师在一起一年的打磨，机械工程师终于将机械零部件的各种形状设计出来，仔细标定机器的技术规格，终于成功地再现了面包大师的拉面技巧和烘烤火候。

而第三次知识螺旋上升过程，就是工艺打磨、成本控制、外观优化等工程师最擅长的细节问题了。

野中郁次郎的描述，给我们留下了深刻的"灰度大使"的印记。面包大师的知识，通过工程师的传递和转化，转移到一个机械加电子的面包机

【1】 野中郁次郎，竹内弘高著. 李萌，高飞译. 创造知识的企业：日美企业持续创新的动力[M]. 北京：知识产权出版社，2006：73.

上。而这之间，靠的是机器制造商和面包大师的联合创造。面包大师的许多动作被"灰度大使"用一种意象化的语言表达出来。例如，"麻花拉伸"这种词就在现场被创造出来，而工程师则心领神会地将这种词汇用机器内壁增加肋骨状凸纹的方式得以实现。

不同工作性质的人使用不同的语言，交互中会有很多跨界知识，形成交集，产生灰度，最终成为一种可以实现的创意。正如野中郁次郎在书中提到的松下公司事业部的一个部长说，"如果工匠（如面包师）不能描述他们的技巧的话，工程师就应该变成工匠。"这句话，其实就是建立"灰度大使"的角色，通过角色互换，需要"灰度大使"感知另外一方的技能，形成可以交互的语言连接。这正是灰度创新中行之有效的一种知识交互机制。这样的特质，在那些推动制定国际标准的专业人员身上非常突出。一个企业要想让自己的标准成为国际标准，需要专业人士进行技术描述、准备提案、了解标准制定规则、熟悉国际标准领域。从事标准的人员，需要成为"四懂人才"：懂技术、懂外语、懂标准、懂人情。这种可跨界的"灰度大使"，更容易促进灰度创新的发生。

/第五节/
跨界知识的撞色拼接组合

许多行业的突破，并不能只从它看上去所属的行业理解。正如全球最知名的口罩品牌，如美国3M、霍尼韦尔、日本尤妮佳，都不是以单项产业的规模取胜的。如果它们仅仅生产口罩，那是不可能生存的。这些品牌都有一个基础共性，那就是进行高科技材料的研发。3M和霍尼韦尔的业务涉及航空航天、楼宇、工业安全等，从这些研发的实战经验出发，进入产业的基础底层：材料端。这样的方式，是跨出行业的突破。口罩背后，其实是材料的竞争。在2020年突如其来的全球新冠疫情中，救治重症病人发挥重要作用的人工肺ECMO机（体外膜肺氧合机）采用的膜肺材料在全球只有3M公司能够提供。

这种跨界的突破，往往需要将不同领域的知识，像撞色拼接衣服一样，重新组合在一起。这需要一种独特的知识融合的视角。

2008年北京奥运会的游泳赛场是美国游泳名将迈克尔·菲尔普斯的天下。这名"飞鱼"选手独揽八块奥运金牌，创造了历史上最为惊人的个人成绩。除了他得天独厚的游泳天赋之外，他所穿的澳大利亚Speedo公司出品的"鲨鱼皮"泳衣成为游泳界的一大焦点。实际上，这届奥运会98%的获奖选手在比赛中都穿了这种泳衣。自2000年悉尼奥运会以来，这种模仿鲨鱼皮肤制作的高科技泳衣就无往不胜。

这样一件超级泳衣，是如何制造出来的？

答案需要在航空领域中寻找。

沃纳科公司（Warnaco）是Speedo泳装品牌的美国特许经营公司，一直寻求更好的泳衣。既然美国航空航天局（NASA）几十年来一直在研究飞机和飞船的减阻问题，为什么不能将减少太空中空气阻力的原理用于减少泳池中水的阻力呢？ Warnaco公司带着这样的问题，找到NASA位于弗吉尼亚州汉普顿的兰利研究中心（Langley）。

一名航空工程师接受了这样的任务。他在美国国家实验室兰利研究中心[1]的7×11英寸低速风洞中对近十种织物和图案进行了材料表面粗糙度效应测试。研究表明，黏性阻力或皮肤摩擦力几乎占游泳运动员总约束力的三分之一。对于这位工程师而言，这是一个基础研究课题，"减少光滑表面阻力是一个基本的物理问题，即研究流体和表面之间的相互作用"[2]。为了模拟游泳运动员在水中的速度（约为2米/秒），Langley的研究员需要以28米/秒的速度（也就是大约时速100公里），在风洞进行吹风试验[3]。

然而在这样的风速下，如何将织物放在测试板上，以及如何摆平织物的边缘端，使其不会干扰织物上的空气流动，对第一次测试织物的NASA工程师而言是一个挑战。而制造商Speedo则提供了来自制造的工艺经验和数据标准协议，让工程师可以轻松、准确地测试这些面料[4]。借助制造商的帮助和对基本物理概念的理解，这名航空工程师在风洞试验测量了织物表面的阻力之后，提供了最佳的全身连体造型和性能参数；Speedo则在制造中采用了超声缝合技术。这些灰度联合的努力，造就了这件传世泳衣。而成功的背后，则是来自泳衣品牌商Speedo、特许商、NASA的跨界通力合作，运动员菲尔普斯[5]在早期也参与了这场研发活动。

这是一个经典的全栈式灰度创新，它跨越了基础研究、应用研究、制造和用户的关键边界，知识流动的路径非常清晰。这样灰度创新的结果就是一个泳衣"太空世纪"的到来。

这样相互借鉴的案例实在有太多。美国折纸大师Robert Lang在儿童时

【1】 https://www.nasa.gov/langley/100/feature/from-innovation-to-benefit.
【2】 https://www.swimmingworldmagazine.com/news/industry-news-nasa-claims-speedo-lzr-racer-as-top-10-story-of-the-year/.
【3】 https://www.nasa.gov/topics/technology/features/2008-0214-swimsuit.html.
【4】 https://www.nasa.gov/topics/technology/features/2008-0630-swimsuit.html.
【5】 https://www.sciencedaily.com/releases/2008/08/080817231406.htm.

代就喜欢玩折纸游戏。Robert 从斯坦福大学电机专业毕业之后，成为一名才华出众的光纤技术研究员。然而他放弃了光电研究，投身折纸行业，折叠出带有翅膀和斑点的甲虫等，而后来这些成果被应用于更多领域。美国航空航天局需要将大型望远镜折叠放入航天飞船之中，德国汽车制造商需要折叠安全气囊，Robert 的折纸艺术得到了充分应用。许多生物工程师甚至借用他的折纸方法来折叠 DNA 分子链[1]。

这实在是太过奇妙的世界。知识的形状实在是太丰富了，知识能够以各种变形的方式，应用于不同的行业之中。只要搭建合适的接口空间，灰度创新立刻就会蓬勃发展。

/ 第六节 /
为合作机制保驾护航

如何在打通合作双方内部沟通的同时巧妙应对外部的阻碍，是考验合作双方智慧的重大命题。这一方面，在发动机制造领域有一个例子。

发动机的制造是高风险产业。即使领先的制造商，也不能掉以轻心。因此，尽管全球领先的发动机公司只有 GE、罗罗、普惠等有限几家，但这些企业也经常联手成立合资公司，这成为发动机行业最为显著的一个特征。

这其中，CFM56 发动机具有传奇的合作色彩。

【1】 Jeremy Gutsche 著. 胡晓姣等译. 狩猎式创新：如何让你的创新思想源源不断 [M]. 北京：中信出版社，2016: XII.

CFM56发动机的全球销量在3万台左右，是GE和法国斯奈克玛集团精心合作的产物。然而CFM56发动机在合作之初却差点被美国军方所否定。

倪金刚先生撰写的《GE航空发动机百年史话》一书，还原了这样一个过程[1]。在20世纪60年代后期，法国政府在大力扶持空客飞机的同时，还计划将民用发动机提到日程上。这个任务由军用发动机制造商斯奈克玛公司执行。主管航空航天的一位将军转任斯奈克玛公司担任总裁，并提议开发一台大涵道比、低油耗、高可靠、中等推力涡轮风扇发动机。鉴于斯奈克玛公司并无开发大型商用发动机的经历，它必须寻求合作。而当时发动机三巨头分别是：破产被国家接管的英国罗罗发动机、发动机JT8D正在热卖的普惠，以及迫切需要新型发动机的GE。

最终，斯奈克玛公司和GE公司达成合作意向，接下来合作经历了三个重要过程。

首先是合作意愿。

GE发动机的负责人向法国斯奈克玛的将军总裁发出邀约，以GE早先的军用发动机F101的核心机作为基础进行研发。他们均同意在一月之内组织一个技术团队。而这期间，两人需要每周进行一次沟通和交流。一个月之后，两个团队在美国共同制订详细的联合工作计划。

碰面之时，法国斯奈克玛公司展示了M56的设计图样，而GE公司则展示了F101的核心机性能参数及在此基础上设计的发动机的剖面图。在两个意愿积极的领导人的强力推动下，双方工作团队快速融合。

其次是商业智慧。

【1】 倪金刚. GE航空发动机百年史话[M]. 北京:航空工业出版社, 2015: 198.

如此庞大的项目，利益分配很难有明确的说明。GE公司和斯奈克玛公司对于合作机制采取了一种建设性和开放性的态度，基本上采取了"对等工作量、对半分利益"的原则。GE公司负责核心机和控制系统（包括高压压气机、燃烧室和高压涡轮等），斯奈克玛公司负责风扇、低压压气机、低压涡轮等。

这种条款，对于GE公司是非常有利的。因为GE公司负责的是核心机，多数零部件的寿命都有限，更换次数多，备件的利润很大。而且在市场划分上，北美市场和中国市场（当时的中国尚未展现出巨大的购买力）归GE公司，欧洲、亚洲大部分国家及中东市场归斯奈克玛公司。由于CFM56的民用潜在市场主要在美国，GE公司自然利润更大。

然而这并不意味着斯奈克玛公司就吃了大亏。由于斯奈克玛公司是法国国有企业，法国政府在第6个航空航天计划中，明确表示了对该项目的扶持。因此，虽然GE公司使用现成的F101核心机，而斯奈克玛公司则承担了发动机一半的研发费用，但这也是一笔很容易算清楚的潜在收益账。因为斯奈克玛可以用最快的时间、最高的效率，迅速进入民用发动机市场。

这其中"收入共享，而不是利益共享"，是非常具有创新意识的条款。CFM56发动机的收入由双方平均分配，但每家公司的利润，则取决于各自的成本及效率。

GE公司算了一个现实账，斯奈克玛公司算了一笔未来账，都很划算。双方合作研发的发动机取名为CFM56：其中CF（Commercial Fan）取自GE发动机的编号序列，M56取自法方最早定义的发动机名称[1]。1971年9月，双方在3个月前巴黎航空展会的一次合作，迅速有了结果：GE公司和

【1】 倪金刚. GE航空发动机百年史话[M]. 北京：航空工业出版社, 2015: 199.

斯奈克玛公司各自出资一半，成立了CFM国际发动机公司。

面对如此复杂的制造项目，双方只用了三个月就将合作意愿变成了落地的实体。

最后是政治智慧。

在前面的合作都一帆风顺的时候，谁也没有预料到美国国防部会在最后一刻站出来，坚决反对两个公司的合作。原因很简单，F101是军方资助的发动机项目，不能向法国开放。美军非常担心法国会通过合资发动机的项目，将F101最新发动机的技术泄露给当时的苏联。

面对军方突如其来的拒绝，GE公司迅速开展政府公关，找到了时任总统尼克松的科学顾问。该顾问接受了委托，并向政府确认F101核心机将处于GE公司周密的监管之下。政府原则上同意了这样的做法，但军方再次表示了拒绝，他们无法接受F101核心机将被运到巴黎附近的工厂，美法两国工程师将在那里安装全尺寸的CFM56发动机。到了1972年7月，GE公司和斯奈克玛公司都对合作不再抱以幻想，认为这个项目可以告一段落了。

然而，尼克松总统的科学顾问坚持认为这样的合作项目会给美国带来数千个工作岗位。他提出了一个全新的建议：将发动机的总装和首次试验从巴黎转移到美国辛辛那提，这样将确保核心机密不会被泄露。陷入绝境的GE公司和斯奈克玛公司显然都对这个方案非常满意，GE公司甚至还特意向军方为F101核心机支付了8000万美元的特许使用费。美国国务卿和财政部都被总统顾问和GE公司说服。

1973年，在美国总统尼克松和法国总统蓬皮杜的会面上CFM56发动机合作的项目在友好的气氛中得以签署。第二个月，国务卿基辛格就代表总统签订了国家安全决策备忘录，明确表示总统已经批准了CFM56的发动机合资企业的许可证。

至此，军方只能表示同意。

随后，借助于737飞机的热卖，CFM56发动机一举成名，斯奈克玛公司也在民用发动机领域站稳了脚跟，占据了发动机生产的第4位。而CFM56发动机的成功合作，也成为美国工商管理学院的典型案例。它确立的一系列的合作原则，如CFM国际没有固定人员，都是将两家公司的雇员外派；如严格的知识产权限制以应对苛刻的监管等，具有高度的创新意识和合作精神，堪称灰度创新约束机制的典范。

而一个发动机项目寿命至少是30周年，这也是竞争双方可以合作的一块基石。

/ 第七节 /
狼群模式：供应链长板组合集团战

集体主义战胜孤立主义。科学研发已经进入"大科学"时代。一个团队涉及大量资金投入，由许多研究者共同完成，这样的科学工作被看成是"大科学"。一篇文章有100多名作者署名已经很普遍，如此多的名字，放在一本刊物上，犹如电影末尾连续滚屏几分钟的参与者名单。2011年，物理学领域有120篇论文的作者数量超过1000人，而44篇论文作者数量超过3000人[1]。相当于整整一个旅的"兵力"参与了一篇文章的写作。

从这种合作中，大家获得了什么样的好处？是什么机制促进着这种合作？跨学科知识的复杂性无疑是重要的一点。而知识交换使各自收获更大也是一个重要因素。

这对于生产合作的创新机制是一样的。

一个产业的上下游，就像一根线上的蚂蚱。例如，在苹果的供应链中，苹果处于不可动摇的地位。偶尔，芯片供应商高通会与苹果竞争。但对于制造业上的一串蚂蚱般的企业而言，这种挑战是不可想象的。然而采用集体联合作战，抬升"微笑曲线"底部，获得更多的利润，则完全可以通过灰度创新得以实现。这可以称之为"供应链长板"模式。

一个全新的技术，如果直接放在一个成熟的市场环境里面，由于各个环节已经分工明确，边界清楚。要形成颠覆性的态势，是非常困难的。这其中有很多商业观念像顽固的堡垒，很难被打破。根深蒂固的商业观念就是突破技术生死线的一道一道门槛。同样，要重新定义印染行业，乃至整个服装产业，必须从打造一个具竞争力的供应链生态开始。只有整合多家资源才可能有机会。整个纺织产业链条很长，但价值分配非常不均，只有最终的品牌端才能获取最高的利润。一般而言，纺织印染价格都很低，利润只有4%～6%，甚至更低；而更下游的劳动力密集型的成衣制造，利润也只有6%～10%之间。但成品的价格，利润则在20%～25%之间，一下子提升了四五倍。

【1】 Roberta Ness 著. 赵军，安敏译. 创造力危机 [M]. 北京：科学出版社，2019: 115.

纺织印染尽管是关键的价值链，但利润同样被压得很低。做什么样的事情，可以把制造业合理的利润给拿回来？要系统性地提升制造利润的能力，只有通过合作创新机制，重塑供应链，将供应体系通过设备、技术升级和资本一起发生改变。

案例：长胜的"狼群模式"

上海长胜科技重新组合了复杂的三联式的供应链体系。重塑产业链如图8-1所示，三列分别代表材料研发、装备研发与制造、共建工厂。其中第一列由项目小公司负责，负责材料的研究和应用，包括水性染料与助剂、变色和调温微胶囊、碳纤维化纤面料改性等特殊的核心专利。长胜科技在中间一列，负责装备和工艺布局，针对各类应用制造工具，开发各种设备。而最后一列，长胜科技则与印染厂合作，推广冷转移印染布匹；而且进一步跟品牌的成衣制造代工厂进行合资合作，将设备和工艺应用于生产，并落实到成衣制造工厂。目前，参与对象往往都是印尼、越南顶级的成衣代工厂。通过技术上的整合，提升成衣代工厂的利润率。而当与成衣企业深入合作以后，又反过来会促进长胜科技加速开发设备产线，如进行成衣缝制自动化设备的研发。

这样企业的竞争力就从原来的单独企业竞争力转化为供应链生态系统中的一个竞争力。要形成生态系统，改变生态链，利益必须是第一位的。这背后要有一个合理的"焊接在一起"的因素。这意味着，更可靠的连接是核心技术，而非资本。

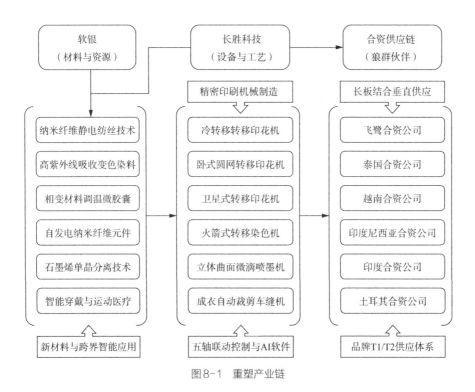

图8-1　重塑产业链

选择合适的伙伴至关重要。交给伙伴一把钥匙，但他可能开错了门，走错了方向。因此，"狼群模式"在寻找伙伴的时候，一定要仔细分析谁是合适伙伴，谁是对的人。长胜的合作伙伴都是服务超过20年的品牌商，排在品牌供应链里面前十强的企业。他们的管理、技术、工艺、装备都很完善，通常不会出错，与他们建设合资厂、厂中厂，会保证这种模式有很高的成功率。在品牌的工厂供应链中，做得最好的是宁波申洲[1]，它的纯利润率达到了惊人的21%。而整个成衣行业中98%的企业都达不到这样高的利润率。申洲能够成功最主要的原因是纵向一体化的"较全"产业链模式，资本能力强，擅长供应链的整合。既然长胜科技采用不同的模式，以材

【1】 申洲坐上国内服装上市企业头把交椅,它是怎么做到的? http://news.ef360.com/Articles/2017-4-26/357927.html.

料、设备与工艺创新技术作为"护城河"。那么它寻找的合作伙伴，一定是在专业领域有特长且便于整合的企业。

在传统模式下，价格的话语权在品牌商手里。他们控制价格区间，让生产企业自行去竞争和降低成本。而现在，"狼群模式"有可能颠覆这种模式，抬升自己的利润。在某些特殊的材料应用市场，"狼群模式"甚至有可能适度控制材料的供给，通过控制原材料、整个链条商的整体交货周期和快速反应能力，让品牌商之间也有一定的竞争。在这个商业模式中，会单独有一批营销人员去寻找特定的市场。比如在欧洲，直接面向足球俱乐部进行球衣推广。英国有92个足球俱乐部，通过向他们展示原材料和样品，引起俱乐部工作人员的兴趣，以便直接获取授权。这些足球俱乐部会向品牌商如耐克、阿迪达斯等推荐。这样就从品牌商再次回溯到成衣制造商和印染商，形成一个完整的商业闭环。实际上，这种冷转印的几乎无水、高度环保的体系，也吸引着追求可持续发展理念的品牌商。近期，长胜科技的"狼群体系"，已经开始跟美国Apollo Global Management和耐克在服装供应链上展开战略合作，募资收购耐克的成衣工厂，从而为耐克提供一个基于绿色制造的整合服务。而如果仅仅从资本整合出发则无法解决产业价值链的根本问题。

长胜科技的设备配合上游富有竞争力的原材料，以及下游的代工厂，通过相互连接的灰度创新，加上资本的捆绑，一起构成了一个"联合舰队"。在这个过程中，数字化起到了重要的驱动作用。一方面，设备的实时运行数据可以实时回传过来。通过记录、整理、分析这些数据，有利于设备的维护，同时这些数据最终能反映出设备的运行情况、机器的效率，以及厂房的运营效率等。更重要的是，这些数据将机器、业务流程和人连接起来。通过这种手段就使"狼群模式"有了更好的管理方式。而当合作的品牌越来越多，对于货品的交付和库存的管理要求逐渐提高，数字化技术的优势就越发凸显出来。

"狼群模式"采用联合各自供应链的长板优势,来抬升"微笑曲线"的底部,从而提高制造环节在整个价值链上的议价权利。从"灰度创新"兔耳朵曲线来看,就是将位于中段的制造业企业,进行串联,各自采用长板加盟,才可能形成对食物链顶端的品牌商进行挑战的机会,获得一些总体议价和制衡能力,"狼群模式"如图8-2所示。

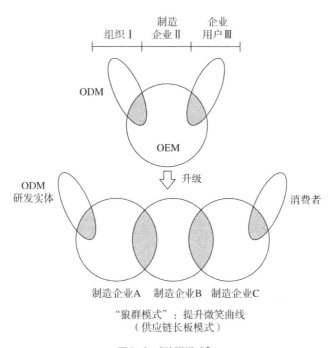

图8-2 "狼群模式"

一个产业链上会有多家组织的平行竞争。有的是松散的供应商关系,有的则采用了抱团作战的"狼群模式"。这意味着,一条产业链上往往有多条不同的灰度创新,他们是平行竞争的生态。

链条的合力如何形成？"狼群模式"将以其严格的组织纪律性和大量的灰度创新胜出一筹。这是下一代工业发展的特点，制造链条上的交互竞争决定了全链条的整体价值高低。

例如，金风公司在供货商管理上，在国内提出"全优产业链"，这也意味着在全产业链上进行优化。在不依靠补贴实现"风火同价"以后，风机制造商最大的压力就是成本。在成本压力下，仅靠一个企业单独地去降成本，效果是非常有限的。

金风的库存周转率，在行业中处于比较高的水平。但在上游零部件厂家供应商那里，叶片却经常堆积如山。这个库存的成本，是金风承担还是零部件供应商承担？需要将整个行业的成本都降下来。

更重要的是，如果零部件的创新能被金风很好地利用，那就会带来二次创新。例如，如果风机叶片变得更轻，那么金风的轴承就无须采用大轴承。同样，结构能否减重也会带来二次创新。这是一个相互激励的过程。

在供应链的成本上，集体改进的空间很大，这是下一轮风机行业进步的潜力所在。如果供应链知识、服务经验等都能打通，那么风机产业的效率会非常高。例如，只要质量符合标准，那么就自动入列合格供货商。计划管理、服务质量、金融体系都会自动敞开怀抱，而无须大量的人员监管和审核。金风的产品交付周期在300天左右，如果能借助供应链的发展，减少100天，那么每年将近300多亿的采购，就会节省一笔巨大的管理费用。

这是全球产业链未来的发展方向。"狼群模式"有一个机制，那就是必须要有"狼王"进行"发号施令"。一个合格的"狼王"，必须拥有一系列的核心技术，并且具备授权管理的能力。在此基础之上，"狼群模式"才能行之有效。

金风借助已经有的企业家俱乐部，每年都会组织会议，期间大家同吃同住。这些董事长高管们抛出的内心诉求，金风都会进行整理，随后从研发设计开始入手，将供应商的方法考虑在设计优化之中。这样供应商的成本就有可能降低很多，质量也可以提高。与此同时，金风有时候也会组团到供应商企业中去，大家就问题进行讨论。因此，金风一直在推动本企业研发人员与供应商的研发人员进行沟通，实现计划管理的一致性。

优秀的企业要在产业链上实现群体优秀。整个产业链上的每一家企业，都需要完成专业化、标准化、信息化，而且基础能力要融入每一个岗位职能。当前我国装备制造业还需要补专业化、标准化的短板，这也是"狼群模式"必须要跨越的障碍。

金风在新疆基地建设的工业大数据应用平台搭建起来以后，使用效果很不错。然而，当要把这样的工业大数据平台应用在一些上游供应商中的时候，有时就会发现这些领域的基础数据的专业化、标准化、信息化差得比较远，可能完全无法下手。金风采用的方法，就是要么跟自动化厂商联手，要么干脆收购一个自动控制专业的公司，进行感知技术和通信传输的部署，然后进行数据治理，实现标准化，之后才能连到工业资料平台。如果不做这些底层的工作，这种供应链整合几乎无法完成。

长臂灰度创新： ST意法半导体的主动与康宁的被动

上下游之间的灰度创新，总是要有建设性的一方，先对未来有着憧憬且先迈出一步。许多有卓越远见的技术开发者，会在开发出新技术之后，积极替下游用户去探索未来的市场，形成一种长臂灰度创新，跳到供应链环节的更下端，然后反向推动OEM制造商共同迎接新市场（见图8-3）。推动合作意愿流动，需要战略决策者具有强烈的意识且能够主动思考。

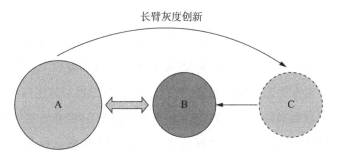

图8-3　长臂灰度创新

20世纪70年代，当芯片制造商都在采用金属氧化物MOS半导体工艺的时候，ST意法半导体（以下简称ST）则开始了对微机电系统MEMS的研究[1]。然而这个技术一直找不到合适的主流市场用户，几乎没有可以合作

【1】 Roberto Verganti著. 戴莎译. 第三种创新：设计驱动式创新如何缔造新的竞争法则[M]. 北京：中国人民大学出版社，2014: 103.

的用户。而ST并没有放弃，一直努力寻找客户。MEMS这种技术的本质价值是什么？那就是"物体运动与方位的相关信息"。ST坚信MEMS在自动化和人机界面上，一定可以找到使用场景。秉承着这样一个信念，ST一直在寻找灰度创新的伙伴，为下游OEM厂商寻找一个合适的市场。

这种努力终于在20世纪初初见成效。ST首先从洗碗机上开始找到应用场合，随后整个市场开始加速。在2004年，IBM在ThinkPad笔记本电脑上配备ADI公司的双轴加速度MEMS传感器，来实现跌倒探测功能，在颠簸或者跌落环境中能够有效保护数据。不过，双轴有时无法完全检测到下落的情况。而东芝在2005年1月上市的Dynabook SS系列上，则全面采用了ST意法半导体的MEMS三轴加速度传感器。这种自由落体传感器在感知地球重力变化的时候，会让硬盘的磁头与磁片脱离，防止因二者碰撞而造成的数据损伤。这种"硬盘保护"功能，成为当时东芝笔记本电脑特色的重要一环。

这意味着ST的MEMS，终于找到了合适的下游用户。而更大的成功，则是来自ST与任天堂的合作，将MEMS应用到Wii游戏机上。当ST坚持不懈地向任天堂推销这种MEMS技术的时候，其在三维加速度技术和削减成本方法上已经颇有心得了。2006年任天堂开始与ST合作，并结合MEMS的特点开发软件。最后Wii大获成功。同年，ST在意大利Agrate建立了200mm（8英寸）晶圆生产线，量产MEMS传感器，成为全球首家拥有MEMS专用生产线的大型半导体公司[1]。

更为明显的例子是，ST跟手机制造商合作，举办了为期三天的研讨会，共有8位工程师参与，共同研究未来手机如何能够实现MEMS的手机新场景。到了iPhone 4（采用了ADI的MEMS）之后，MEMS几乎已经成为智

【1】 https://tech.hqew.com/fangan_1502517.

能手机的标配。随着市场的启动，MEMS也成为半导体的明星，2011年已经拥有108亿美元[1]的市场。ST几十年如一日地替自己的下游客户寻找技术的应用点，终于得到了回报。2009年12月，iSuppli研究报告中指出，ST是全球最大的消费电子和手机MEMS供应商，年营收超过2亿美元，占当时手机市场的20%以上。可以说，ST一方面通过整合创新的产品设计、制造工艺和封装技术，推出了尺寸小、价格合理的运动传感器；另一方面通过长臂灰度创新意识开启了消费级MEMS技术革命。在2018年，ST收入已经达到97亿美元[2]。

然而，另外一个案例，则是相反的一种做法。1952年，美国康宁公司玻璃厂的化学家在一次错误升温的操作中意外发现，经过高温加热后的玻璃更具弹性[3]。当时公司并没有发现它的市场应用场合，于是将其束之高阁[4]。这项技术被搁置了40多年，虽然在20世纪60年代，康宁曾致力于汽车挡风玻璃的强化玻璃，然而这种产品从未大规模上市[5]。可以说，这几乎是一项失败的技术，康宁后来放弃为其寻找市场。

直到2007年苹果创始人乔布斯因为需要一款防划的手机玻璃屏而找到康宁，几经劝说后康宁终于同意为iPhone生产防刮花屏幕。这是一次大胆的尝试，因为乔布斯只给康宁留下五个月的时间。在2007年1月苹果新品发布会的时候，乔布斯展示的苹果手机是一个3.5英寸的塑料屏，然而6月份苹果新品正式上市的时候，却是玻璃屏[6]。这5个月的背后，是一段让

【1】 翁寿松. MEMS器件及其设备 [J]. 电子工业装备, 2008(A): 15.
【2】 Company Presentation June 2019.
【3】《连线》杂志. https://www.wired.com/2012/09/ff-corning-gorilla-glass/.
【4】 Larry Downes, Paul Nunes 著, 栗之敦译. 大爆炸式创新[M]. 杭州: 浙江人民出版社, 2014: 79.
【5】 https://www.fastcompany.com/40493737/how-cornings-crash-project-for-steve-jobs-helped-define-the-iphone.
【6】 https://www.theverge.com/2019/7/9/20687299/plastic-iphone-gorilla-glass-origin-story-steve-jobs.

苹果和康宁工程师难忘的岁月——尽管对康宁而言这几乎是现成的玻璃技术。这款后来被称为"大猩猩玻璃"（Gorilla Glass）的铝硅钢化玻璃，随着苹果的大卖而大获成功，后来广泛用于防刮划性能要求高的高端智能手机屏幕。而从2012年开始，几乎每年升级一代，在中国被OPPO手机率先使用[1]。据称每个消费者的手机每年会坠地7次左右，"大猩猩玻璃"正是为此而设计的。

苹果采用了康宁的技术，使得后者的玻璃屏成为苹果手机上最关键的部件之一。自2007年以来，康宁已经交付了58平方英里的"大猩猩玻璃"，相当于2.8万个足球场[2]。可以说，这段灰度创新的合作，奠定了此后智能手机的外观。

然而回想起来，康宁在这件事情上其实是被动的，技术储备有余，而长臂灰度创新不足。或许这是技术驱动型公司的一种特征，正如哈佛商学院研究康宁创新史的教授丽贝卡·亨德森（Rebecca Henderson）所说："它们是少数几家能够定期重塑自己的科技公司之一[3]"。当然，这说起来容易，做起来很难。一方面，不仅要有能力开发新技术；另一方面，还能够大规模地应用新技术。康宁能用5个月就完成数百万平方米的超薄超强玻璃的生产，而且是一种从未面世过的玻璃，这就是双重能力的证明。在当时紧张的倒计时期限中，采用了大量的工艺改进，甚至一台100万帧/秒的高速摄像机也被用来拍摄和研究曲度和缺陷的传播情况。然而，即使康宁在这两方面都取得了成功，制造商也可能要花上几十年时间才能为其创新找到一个合适的市场。这难免会让人觉得下游制造商似乎正在孤军奋战。

【1】 https://www.corning.com/gorillaglass/worldwide/en/news/news-releases/2018/08/corning-announces-first-global-smartphone-with-gorilla-glass-6.html.

【2】 https://www.fastcompany.com/40493737/how-cornings-crash-project-for-steve-jobs-helped-define-the-iphone.

【3】 https://www.wired.com/2012/09/ff-corning-gorilla-glass/.

214

消费者如何使用LCD屏，消费者如何使用眼镜，似乎不属于康宁的研究范畴。因为从本质而言，康宁认为像眼镜制造商Luxottica或者制造LCD屏的三星公司这些离消费者更近的公司，应该了解终端产品的趋势。康宁只需要等待这些由趋势转化而来的具体订单[1]。康宁目前仍储备了大量的下一代技术，如有机发光二极管、高强度汽车挡风玻璃等。这些技术是等待被发现，还是可以更主动一些，寻求一种联合的努力激活制造业的需求。技术拥有方或许也该发挥"长臂灰度创新"的意识，替下游制造商去寻找全新的市场。

2014年，柔宇科技刚刚研制出全球最薄的0.01毫米柔性显示屏的时候，不知道市场在哪里，下游制造商也是一脸迷茫，不知所措。这就意味着，尽管想象出来的场景是非常有限的[2]，柔宇仍然需要去推动和发现蓝海用户。例如，柔性电子智能背包就有国际知名传统箱包品牌找上门来合作[3]。

5G同样面临着需要积极开发应用场景的局面。在当下，5G的三大特性（eMBB、uRLLC和mMTC）都需要共同来开发市场，这绝不只是华为、中兴等少数几家企业的事情。许多技术的未来，往往是被用户不断迭代而激发出来的。

【1】 Roberto Verganti著. 戴莎译. 第三种创新：设计驱动式创新如何缔造新的竞争法则[M]. 北京：中国人民大学出版社，2014: 106.
【2】 中国管理模式杰出奖理事会. 数字化生存与管理重构：解码中国管理模式⑩[M]. 北京：机械工业出版社，2018: 56.
【3】 中国管理模式杰出奖理事会. 数字化生存与管理重构：解码中国管理模式⑩[M]. 北京：机械工业出版社，2018: 53.

/ **第九节** /

社会心理学的导入形成必要支撑：中外厨房的差别

即使一个深受欢迎的成熟产品，它的价值也会由使用者的变化而不断变换。就家用电器而言，经过几十年的发展，一个好的电器，传统观念上的经久耐用已经无法成为其价值的全部。如何挖掘中国人自己的饮食习惯成为制造商全新的挑战。一个电冰箱或者烤箱，如果要跟博世、西门子等品牌去做产品质量对比，有的时候已经很难有明显的差距了。然而，博世、西门子的产品，往往是基于西方人的生活习惯，而在中国的烹饪环境下，中国制造商可以找到新的方向。体察用户的心理，成为一门需要掌握的新学问。

在中国取得成功的方太水槽洗碗机，就充分发掘了中外厨房文化的不同。西方的洗碗机显然不如水槽洗碗机更加方便。在中国，一是餐盘的标准性很难把握，餐盘形状多样化，如清蒸鱼就需要一个异形鱼盘；二是中餐的食物残渣相对比较多，且下水处通常没有配备粉碎机以防堵塞；三是桌台的标准尺寸跟西方也有差异；四是厨房面积通常没有西方那么大，导致没有位置装洗碗机。而现在方太的水槽洗碗机，采用整体换装的逻辑。一个人上门，很快就能把原来的水槽给换掉。后来在实践中，方太发现了一个更大的卖点，那就是不仅能洗碗，而且还能去除果蔬农残。冲洗果蔬农药残留这是与用户互动产生的创意，在第一代产品中是没有的，是后来

216

新增的功能，而且在之后的宣传广告中，占比越来越大。其实原理并不复杂，就像眼镜店洗眼镜一样，采用类似超声波振动的方式，去掉果蔬上面的农药残留。这个功能大受欢迎，有些人买水槽并不是为了降低自己洗碗的难度，而是觉得让洗碗槽洗一洗，吃水果更安心。

从这个意义而言，研究家电的功能是一方面，研究人们的烹饪方式与饮食习惯，则是更为重要的一个方面。方太公众号里面大部分的话题聊的都不是电器。曾经有一段视频广受关注，那就是用洗水果的槽如何洗龙虾。龙虾很难刷洗，呼叫中心牵头拍了一段视频，展示如何把龙虾放进水池清洗干净。这种互动的方式，激发了消费者的热情，双方的互动形成了创新的新局面。

由于用户的积极参与，制造业面对用户的产品创新，比以往任何时候都更需要社会科学的导入。懂得社会心理学，能够对用户的心理和习惯进行更好的把握，也必将成为灰度创新的一个友好支撑。

第九章

Chapter 09

灰度创新失灵

灰度创新并没有想象的那么万能，作为一个结合部，它有许多"脆弱"的属性。正如连接火车两节车厢之间的铰链，人力作用是很容易让它脱钩的。

与一般人的认知可能恰恰相反，法务审核和知识产权部门并不是创新的"守护神"。法务审核力图防范所有的漏洞，知识产权力图将一切知识来源进行明确，这在灰度创新的一开始，往往是很难做到的。纠结于过多的细节和文档，会让一线工程师难以开展工作。一些公司的总工程师会抱怨，这几年由于大家都开始强化知识产权的意识，合作伙伴都"敝帚自珍"，使得开放性大不如前，而公司的法务，也开始日益强硬，条款越来越细致。一些涉及对外技术上的合作，很容易因为合作细节的问题而放弃外部合作。

哪些原因会导致这种机制失去功效？

/第一节/
信任失灵

在供应商之间的关系上，企业表现各不相同，有的企业会积极与供应商合作；有的企业比较保守，并不愿意把像原材料的实际成本、利润率等信息提供给上游企业，在出现问题的时候，往往倾向于自行解决。Ron Ashkenas 在《无边界组织：移动互联时代企业如何运行》一书中就指出了这种现象。一个模具制造车间的精密机械出现公差问题，管理层试图用内部力量解决。然而两周尝试过后，管理层发现问题无法解决而只好通知下游，打乱了下游的生产计划。最后求助于一家原材料供应商之后，发现只需要换用另外一种规格和成分的金属材料便可以解决[1]。

适度地暴露内部的技术难点，或者定期邀请供应商来参加内部会议，往往会更容易解决问题。一个企业在把自己工艺改进之后发现上游的材料存有缺陷，这意味着，企业自己能把控的价值链，仅仅是很小的一部分。

在上面的案例中，企业邀请提供了不合格材料的供应商来参加工作会议，目的就是把准时交货率稳定在95%之上。但会议过程中，却有了意外的发现，这家企业帮助供应商发现问题出在更前一级的原料商身上[2]。

问题得到解决的前提是，双方通过对话了解各自的运行情况。灰度创新在这些微小的细节上，开始建立自己的阵地。

有的时候将生产制造的工艺流程进行外包的时候，也会有一种担心，如果知识过于共享，会导致当外包商独自拓展产业链的时候，自身的地位受到威胁。类似广达电脑（Quanta）和维布络（Wipro）这样的ODM原始设计企业，不仅为索尼、戴尔进行组装和制造，而且已经渗透到在设计上进行创新。但研发外包也有风险，摩托罗拉让中国台湾地区的明基集团作为原始设计制造商来进行手机的设计与组装，随后明基顺势引进自己的品牌进入中国大陆[3]。

灰度创新会不会出现"教会徒弟、饿死师傅"的现象？这个问题需要

【1】 Ron Ashkenas, Dave Ulrich, Todd Jick, Steve Kerr著. 康至军译. 无边界组织: 移动互联时代企业如何运行[M]. 北京: 机械工业出版社, 2016: 177.

【2】 Ron Ashkenas, Dave Ulrich, Todd Jick, Steve Kerr著. 康至军译. 无边界组织: 移动互联时代企业如何运行[M]. 北京: 机械工业出版社, 2016: 190.

【3】 Stuart Crainer, Des Dearlove著. 李月等译. 创新的本质[M]. 北京: 中国人民大学出版社, 2017: 75.

在合作伙伴之间的价值交换上进行明确。如果没有专利许可和各自定位的谨慎，对于二者在成熟市场的合作，的确容易发生技术过度外溢，甚至导致不必要的官司纠纷。

但至少摩托罗拉不应该为明基进入手机市场而紧张。实际上，最终打败摩托罗拉的不是它的"徒弟"明基，也不是其他竞争对手。当以iPhone为代表的智能手机以一个全新维度出现在市场的时候，诺基亚、摩托罗拉、爱立信等曾经辉煌的手机厂商，几乎全部出局。这至少表明一点，合作难免会有"走火"的时候，但它不会是导致一个公司产生战略大溃败的最主要原因。

/ **第二节** /
"非我所创"综合征是灰度创新的天敌

灰度创新也会有天敌。双方一开始合作的时候，并不一定很顺利。即使在高层都完全认同的情况下，实际运行中仍然存在不确定的因素。"非我所创"（NIH，Not Invented Here）综合征，就是一个最为典型的现象。

"非我所创"综合征，是对外部来的创新的一种本能排斥，它代表了公司中的一种很常见的亚文化现象。人们不愿意接受外部的研究成果或者知识，并非出于技术等因素，而仅仅是因为它源自外部。

这种综合征可以认为是灰度创新的杀手，它往往在一开始就摧毁了灰度创新在人与人之间的一种情感上的连接。帕克斯科技集团的创始人、仿生学领域的发明家Jay Harman[1]在《创新启示：大自然激发的灵感与创意》一书中就提到了帕克斯仿生风扇，在一开始与诸多企业的合作环节中，是如何被"非我所创"（NIH）直接击倒的。风机有着广泛的工业和商业应用，占全球电能使用量的20%以上[2]。而该公司的仿生螺旋桨产品原型机，被联合技术公司（开利公司的母公司）认为形状不合常规，二者起初没有合作的基础，但后来证明它可以节省开利空调23%的能耗；同样德尔福压缩机在高层已经首肯的情况下，工程师们却以审视的眼光看待外来的技术，并以各种理由拖延使用，合作开发变得艰难。随着2005年德尔福宣告破产重组，灰度创新的上方笼罩了一块更大的乌云。帕克斯公司的风扇许可制造的模式，开始受到巨大的挑战，德尔福在中国台湾地区的工程师只负责生产该产品，但不允许帕克斯的设计工程师与制造工厂进行对接[3]。灰度创新所需要的人与人的连接纽带被彻底割裂之后，灰度创新自然就失效了。

这是一个典型的灰度创新失效的案例。企业的高管需要高度警惕这种排斥外部知识的现象。企业管理层会非常看重创新的力量，也会注重知识的活水引入，然而如果不能营造一个顺利的融合文化氛围，那么灰度创新即使勉强拿到了入场券，仍然难免无疾而终。

具有讽刺意味的是，"非我所创"综合征，一部分原因是团队所具有的高昂的精神斗志。这一般是由于过于强调内部研发和团队精神而造成的。NIH是一种心理上的不舒适，因为研发是一个企业的核心能力表现，如果其中有些工具是借来的，公司内部的工程师和科学家自然而然会产生一种紧张感，排斥的心情也在所难免。

【1】http://paxscientific.com/press/.

【2】http://paxscientific.com/fansblowers.

【3】Jay Harman著. 王佩，郭燕杰译. 创新启示：大自然激发的灵感与创意[M]. 北京：中信出版社，2015.

知识在人与人之间的传递呈现递减的趋势。在同一个企业内部的不同部门之间传递，就会有大小不同的摩擦力；而在穿越不同的组织边界的时候，则呈现了极大的黏滞性。如果说企业内部的知识运动是一种滚动摩擦力的话，那么组织间合作的知识流动则是一种比滚动摩擦力大得多的滑动摩擦力。灰度创新需要一开始就要有意识地克服这种滑动摩擦力。

从联合外部力量进行创新的角度来看，越是能干的人员，越是自信满满的队伍，就越容易产生一切都从内做起，以及轻视外部力量的想法。

形成摩擦的组织边界并不会像马路单行线的禁行标志那么明显，而如文化、情绪和不确定的诸多外界干扰，则更加隐蔽得像逆风一样进一步起到了阻滞的作用。这些都是在引进外部合作的时候，首先需要进行排查的隐患。

/ 第三节 /
行业的灰度创新失灵：共性技术科研院所的缺失

共性技术的缺失，是中国制造需要克服的一个顽疾。而这个病根之一就是对灰度创新的漠视，过于靠近市场，最后往往造成整个行业的技术供给不足。机床行业正是这样的一个典型例子。

中国机床行业七十多年的发展，经历了从零起步，高速发展，最后又在高端机床领域一直徘徊不前的过程。中国的机床行业，曾经有着很好的联合创新的基础。但随着共性技术科研院所（业界简称大院大所）的衰落，大型工业集团对院所的合并和消化，灰度创新被急剧破坏，行业也几乎失去共性技术的阵地。

新中国的机床几乎是从零开始起步的。作为中国重工业发展的母机，一切都从规划开始做起。按照"全国一盘棋"的专业攻关精神，确立了18个机床厂的分工与发展。这就是后来所谓的"机床十八罗汉"，一时间成为"国民机器"。更重要的是，除了重点骨干企业群体外，还设立了众多技术研发机构，这是支撑十八罗汉的脊梁。在当时全行业有8个综合性研究院所，形成"七所一院"的综合性专业技术研发机构（称为"一类所"），还有37个专业研究所与企业设计部门，形成的机床工具行业科研开发体系称为"二类所"。

当时最为著名的三个硬核院所成为机床行业的中坚力量，为机床行业起到强筋壮骨的作用。1956年，金属切削机床研究所（后来的北京机床所）是负责8个方向的综合性技术中心；同年成立的大连组合机床所负责研究设计高精度组合机床和自动化生产线；三年后，广州机床研究所成立，负责配套的造型设计、液压、密封等基础技术。到了1985年，机床行业的37个专业研究所[1]全部建齐。

这是一个闪耀的灰度创新时代。这些建制齐全的院所与机床厂一起联合攻关，发挥了巨大的作用。当下，许多机床厂负责人在谈到当年的"一类所"和"二类所"的时候非常留恋。在那个年代，机床企业如果有工艺问题，都可以找大连所和北京机床所解决。

然而1999年院所转制时，这些院所随即向地方产业经济随机靠拢。广州机床研究所直接被纳入国机集团，于2011年9月改制更名为广州机械科

【1】《当代中国》丛书编辑部. 当代中国的机械工业（下）[M]. 北京：中国社会科学出版社，1990: 137.

学研究院有限公司，如今成为专业的密封研究与生产单位。2000年大连组合机床研究所整体并入大连机床集团，主要技术骨干随即大面积流失。而如今大连机床已经破产，人们只有在阅读历史档案的时候，才能依稀感受到它当时轰隆隆的脉搏。北京机床所也在后来被通用技术集团并购。机床领域的大院大所主力在机器咆哮的时代变迁中悄悄地消失。

中国有世界上最大的用户群。2002年就已经成为世界第一大机床消费国，中国机床市场消费额在世界机床消费总额中的占比曾一度达到近40%，至今仍保持在1/3左右的水平。但在高端领域由于消费额差距悬殊，国产机床基本上还不具备市场竞争能力。而中端市场领域一直是国产机床与进口机床争夺的主战场，也是多数机床企业长期以来的主攻方向。这背后，大院大所的缺位所造成的灰度创新的缺失，是一个一直未能解决的根本性问题。

如果科研院所都变成营利机构了，那么它们就会与其他企业争夺市场，从而导致整个价值链错位，灰度创新不复存在，大家的合作变成了追逐短期利益的外包合同。既然共性技术走向凋落，整个行业也只能在中端和低端市场徘徊不前。

/ 第四节 /
生产加工深度过长

灰度创新机制，与企业决定掌控的供应链长度有很大的关系。

在垂直一体化的整合制造时代，供应商灰度创新机制表现得并不好。

在生产 T 型车的第一年，福特公司从外部供应商买进零部件的成本非常高。开销的 2/3 都用在了采购外部供应商的零部件上，更重要的是，福特需要为这些外部供应商的低效率买单。福特流水线的产品生产速度太快了，供应商跟不上福特的生产进度。在 1914 年，流水线成熟引进到高地公园技术之后，福特开始自己生产零部件。福特在 1909—1916 年每辆汽车所需要的材料成本，虽然占比仅从 62% 下降到 60%，但是这些外购原材料包括零部件的绝对数值，已经从 590 亿美元下降到 262 亿美元。重要的是，福特的议价能力大幅度提高，整车厂商对零部件供应商呈现了压倒性的优势。

而到了 20 世纪 20 年代，全新的福特胭脂河工厂已经成为工业上垂直整合的典范。除了组装汽车之外，还有冶炼钢铁厂、照明设备厂和发电设备厂。就相当于在上海大众嘉定工厂，同时再搬来一个宝钢厂区。福特挑战了速度的极限，只需要 28 小时 [1] 就可以把铁矿石、沙土等原材料大变魔法，转换成一辆小汽车。

即使如此，福特仍然需要大量的小型制造商，如喇叭、轮胎、拖斗、帐篷的生产商等。制造商在好几百种商品中都有自己的专利，他们也提供了大量的改进建议，连通用户的反馈，得到了数以千计的改进建议，如用脚控制的转向灯、加热型方向盘等。但福特对于这些提议基本都加以否定。福特几乎不需要供应商的点子，只需要供应商的速度加快。

在那样一个时代，一个大型企业需要自行研究，从头到尾。灰度创新很难成为主流。

然而即使到了今天，许多优秀的中小制造商还是试图尽量自行参与价值链上更多的环节。德国许多"隐形冠军"对于与供应商进行联合创新的

【1】 David E. Nye 著. 史雷译. 百年流水线：一部工业技术进步史[M]. 北京：机械工业出版社, 2017: 24.

担忧，有着更多的考量。"隐形冠军"的生产深度（自我供给率）往往非常高。在德国市场占有率高达60%的钢板浴缸制造商卡德维（Kaldewei），几乎控制着从模具冲压到缸体搪瓷材料涂层的所有工序。"卡德维自己制造一切。"[1]它在德国拥有世界上最大的烧釉炉，是唯一一家自己开发和生产瓷釉的浴缸制造商[2]。其结果就是它可以为其出品的浴缸及淋浴盘提供长达30年的质量保证。坚持自己生产材料，而不是和供应商分享知识，也是这类企业得以制胜的奥秘。同样，根据《隐形冠军：未来全球化的先锋》一书中的描述，在别的风机厂商忙于采购部件进行组装的时候，德国风力发电企业巨头爱纳康（Enercon）却自己完成几乎所有的生产，包括风机、转子叶片、塔架等。甚至开发自己的电动轮船来保证运输，可谓拥有"同行业中绝无仅有的生产加工深度"[3]。

当然，还有很多企业自己制造机器。这种自行制造的机器，不仅对工艺有着完美的配合，而且可以很好地保护产品不被仿制。例如，大连光洋公司既出售高端的五轴机床，同时用自己的五轴机床来生产力矩电机、转台、液压元件等高精尖的基础零部件。自己生产自己用，是一种最为典型的现象。

对于这样的企业，他们似乎不打算让任何有价值的知识从厂房中流走。与供应商之间的灰度创新，相对处于较浅的层面。

在中国的中小企业中，也出现了这种现象。高端的小型制造商，往往自己开始完成许多本可以外包的环节，如电镀。许多时候这种原因会归结

【1】 Hermann Simon, 杨一安著. 张帆等译. 隐形冠军：未来全球化的先锋[M]. 北京：机械工业出版社，2015: 131.

【2】 https://baike.baidu.com/item/%E5%8D%A1%E5%BE%B7%E7%BB%B4/3641468.

【3】 Hermann Simon, 杨一安著. 张帆等译. 隐形冠军：未来全球化的先锋[M]. 北京：机械工业出版社，2015: 132.

为质量控制和外包周期，自己生产可以大幅度提升响应速度。与这种收敛生产的方式相反的一种现象是，越是低端的制造群，反而越依赖外部供应商，大量的零部件细化全部外采——然而双方只是采购关系，并无灰度创新的碰撞。

这两种现象都呈现了灰度创新失灵的一刻。然而导致失灵的原因却各不相同。保持加工深度，舍弃专业分工的做法，是否符合先进制造的发展潮流一时很难判断。例如，格力电器采用上游机床的自研设备，尽管格力号称每年有几十亿的机床消耗量，但这样的机床品牌一旦决定面向外部市场，其竞争力究竟如何还需要画一个问号。

从这个意义来看，灰度创新还需要服从于企业的整体战略。如果一个产品的服务环节受到多种因素的影响，那么一切采用自主研发或许更容易实现客户的满意度。但即使在这种情况下，区分灰度创新不同的规模，仍然可以在不同层级上，充分地吸收外部组织的创新成果。

第十章

Chapter 10

流动式知识产权的界定

专利授权很容易被看成是灰度创新的一种。然而将专利转化成行之有效的生产流程，是一个艰难的过程。

灰度创新需要双方对知识产权有一个很好的界定——尽管在很多时候它会被忽略。原因多种多样，双方的规模性差异所导致的实际上的地位不平等是一种最常见的现象。而界定知识产权的困难、对合作成果的不确定性的认知等，也都使得在灰度创新中的很多场合，都避开了对知识产权的讨论。

然而，仍然有许多的机制被创造出来，包括排他性、股权、分成、共享利益、保护授权方式等，有力地促进了灰度创新的发展。

美国农机制造商约翰迪尔采用了一种类似"物化知识产权法"的方式，那就是"谁拥有物件，谁获得知识产权"。例如，变速箱需要增加传感器以满足农机智能化的需求。尽管约翰迪尔也参与了讨论和创新过程，但最后知识产权仍然归减速箱制造厂所有。而在面向农场主建立的"焦点团队"和那些领头羊用户进行的联合创新方面，在开发新型产品之后，知识产权则归自己，但可以通过免费试用新车型、价格优惠等方式给予回报。由于全球地形差异很大，即使一个国家也有完全不同的地貌，尤其是在中国。新疆的高地基拖拉机，就是为适应已经长出部分庄稼的耕地而开发的。因此，"焦点团队"往往需要跟本地用户建立密切的联系，获取灵感，才能适应不同的农田。

对于共同研发的投入问题，目前仍然是比较敏感的问题。一般而言，供应商会将用户人员纳入企业的创新小组中，将来成功的时候共同享受荣誉；同时，主机厂商也会根据用户的贡献，在最后提供装备的时候做出适当的让利。

/ 第一节 /
联盟的知识产权界定

政府与私营企业之间的伙伴关系、企业所发起的联盟，如果要进行深入的合作，首先需要界定清楚的就是知识产权的使用。

在美国国防高级研究计划局的资助计划中，合作知识产权模式较早地得到了应用和保护。通过大量的现在被称为"联合计划"的项目，美国国防部与行业合作伙伴建立了"50/50"的关系。在这种关系中，基础知识产权仍然属于创建者，而只有联合创建的新的知识产权才是属于联盟的财产[1]。

IBM则尝试了不同的方法。就在纽约奥尔巴尼的集成光电子研究院（AIM Photonics）的同一栋大楼里面，IBM与联盟成员建立了新的技术合作开发中心，采用了全新的技术转让和竞争力构建的方法。它不是从一个广泛的技术开始，而是只聚焦到政府机构的某一个很具体的核心需求。一开始并不需要广泛地组织联盟，只涉及少数合作伙伴，每个伙伴都需要带来非常具体的技术能力。联盟在一起合作，创建一个通用的知识产权库，最后这些合作伙伴能够将在中心开发的技术带回各自的组织[2]。很显然，这与传统的机构在该领域的工作方式不同。

【1】 美国国家院三院. Revisiting the Manufacturing USA Institutes: Proceedings of a Workshop (2019) [R]. 美国, 2019, 26.

【2】 美国国家院三院. Revisiting the Manufacturing USA Institutes: Proceedings of a Workshop (2019) [R]. 美国, 2019, 25.

在中国，很多时候需要企业联盟来联合对接国家政策的创新活动。在实际工作推进过程中，遇到问题并不断去解决问题，就是一个创新的过程。绿叶制药的创新活动也体现在跟国家的一些政策对接的项目中。例如，在生产过程的自动化、信息化、智能化建设过程中，绿叶制药作为用户，联合大学、院所，还有一些科研单位和供应商共同实施这些项目。

2017年，绿叶制药成功地推进一个智能工厂的建设项目，由北京三家机构、浙江一所大学、上海的某供应商和绿叶制药共同组成一个大的联合体。在这个项目中，绿叶制药从用户角度提出需求。大学负责去寻找那些共性的东西来形成标准，这需要了解制药工程、信息、设备自动化整个过程的内容。研究所负责信息化和软件方面的工作，在设备应用到现场业务的过程中，按照用户的需求完成信息化的开发，以达到业务管控的目的。

在医药行业里面，软件是受到法规限制的，这个系统要跟法规匹配，尤其是关键工艺参数。关键工艺参数与质量直接挂钩，在控制过程中都要符合法规相应的要求。结合中国新版GMP和美国cGMP的要求，生产车间、质量控制部和质量保证部等部门从产品生产全过程的实际情况出发，以实现生产管理操作智能化、提高生产效率、减少人为误差和污染为目标，对软件系统功能模块的实现与设置提出了具体的需求和创新性建议。所以在这个过程当中，大家有很多的合作、创造和开发，比如接口、数据传送等方面都要有二次开发。

各联合体单位在实施本项目过程中各自所获得的知识产权及相应权益均归各自所有，不因共同申请项目而改变；因项目实施需要，各自向对方提供的未公开的、或在提供之前已告知不能向第三方提供的与本项目相关的技术资料、数据等所有信息，未经提供方同意，不得提供给第三方。

/ 第二节 /
螺丝式（阶梯式）的渐进，确保灰度创新发生

半导体产业是资金、技术密集型产业，芯片制造堪称当今世界最为复杂的工艺过程，需要经过数百道复杂工艺，应用数百种不同的设备。针对这样一个复杂的工艺过程，晶圆加工厂在进行工艺创新的时候，通常与几十家关键设备厂商一起联合研发。

半导体行业的知识保护非常严密，那么这里面的灰度创新是如何发生的？半导体设备供应商如何进入晶圆厂体系？如何保护各自的知识产权？

答案是：拧螺丝式的进入，分阶段、逐步深入。这是一种复杂项目的灰度创新方式。

目前芯片的制程主要是两种模式：IDM（英特尔、三星、AMD等）生产和芯片代工公司（台积电、中芯国际等）生产。无论是哪种模式，半导体晶圆厂与设备制造商采用工艺渐进、逐级突破的方法进行联合开发，可以称之为"拧螺丝的渐进法"。

在设备正式进入生产线之前，通常需要经过三个步骤，在这个过程中，晶圆加工厂会一步步地引导设备厂商渐进地开发工艺和设备。这对于双方的产权，都是很好的保护。

首先，在签订NDA保密协议之后，晶圆加工厂交给设备供应商一片样片，由设备供应商在实验室内完成样品的初步工艺研发调试，如果实验室里的SIMS数据检测出来全部合格，那说明工艺是可行的，这才会进行到下一步。

设备供应商根据工艺需求改进或开发出新的设备，根据设计工艺上的最佳方案（BKM，Best Known Method）来确认其最佳的应用条件。晶圆加工厂对半成品晶圆样品进行各种监控和检测，并通过各道工艺集成后的分析结果，来检验设备是否达到晶圆加工厂的要求。这个时候，晶圆加工厂会同意设备供应商的设备到半导体工厂进行小批量的流片测试（工厂测试）。

工厂测试是设备能否上线的最后检验，主要来验证设备的稳定性和加工良品率。由于芯片整个工艺链条很长，为了保证成品的良品率，对单个工艺的良品率要求非常高，必须达到99.99%以上。

晶圆加工厂正是这样一步步地引导设备厂商来开发设备的。一方面，保证了工艺创新的可行性，提高了设备开发的效率；另一方面，有效地控制了研发创新的成本。晶圆加工设备的开发对设备供应商来说是一笔很大的投资（新建一家12英寸的芯片厂通常要100亿美元）；而对晶圆加工厂而言，在设备运行过程中也需要投入巨大的人力、物力、财力等。因此，在整个开发过程中，晶圆加工厂与设备供应商通过这样一种循序渐进的螺丝钉的灰度创新方式，有效地控制了成本，保证了创新的成功率。

新的设备、新的工艺的研发通常都要提前产线生产约2年的时间完成，以保证后续批量生产的可行性。在开发全新工艺的时候，有时晶圆加工厂也没有成熟的办法，它会根据晶圆的三维设计，考虑几种不同的办法，然后联合两家设备供应商来分别进行开发测试，最终会根据加工效果来选定最优的工艺方案和设备。这是一个相互学习的灰度创新的过程。整个芯片的加工尺寸越来越小，从65纳米、45纳米、32纳米、28纳米、22纳米、14纳米，一直发展到当下的10纳米、7纳米、5纳米。"螺丝式"的灰度创新机制很好地保护了双方的投资和产权，也促进了芯片代工行业的发展。

/ 第三节 /
伙伴之间的互利关系

在与用户一起讨论、共同开发的过程中，产生的一些知识产权问题，有时候边界并不是特别清晰。有的企业解决方法是将用户的人员纳入供应商的研发小组，将来项目申请奖励的时候，用户的人员会在这个团队里；供应商出会有一些资金方面的资助，主要是在项目研究的时候会给用户单位拨款；供应商会根据用户的贡献，在给用户提供装备的时候做出一定的让利，甚至以成本价出售。

另外，限定时间优先供给也是一种很常见的思路。中国一家汽车玻璃制造商研究院开发了许多全新功能型的玻璃膜，如抬头显示头盔HUD，智能光控隔热膜，以及可以取代天线的玻璃膜等。这些创意必须要向上游材料供应商提要求。有些供应商以往只能从事家电或电子行业。按照玻璃厂的要求，除了要实现家电产品里面的显示或硬件功能，还要考虑汽车的安全性、可靠性、耐久性等。随着共同研究的深入，这些供应商也开始行业跨界。但双方需要签订相关保密协议，进行共同开发。而且上游材料商供货的时候，要优先供给这家玻璃制造商。新产品在市场上出现后，其他厂家必然会很快模仿。因此必须要保证优先使用权，也就是需要过一段时间这类产品才能被允许卖给其他企业。产品的供给时间差是一个非常重要的灰度创新保护期窗口。

绿叶制药集团一直有着既严谨又灵活的合作机制。在产品开发过程中形成的知识产权，一般双方会约定：知识产权归提出设计思路的一方所有。鉴于这项技术的保密性，双方在协议中有约定，不允许发表相关专利。同时在技术层面，要求设备方不得将绿叶制药的设计思路和想法应用到其他厂家的产品上；在管理层面，双方共同形成的共赢、创新的管理方法可以应用到其他公司。制药厂与设备制造商通过这样一种模式形成了可信赖的长期合作关系。这是建立在协议基础之上的信赖，技术要进步，问题要解决，这种相互信赖的工作是必须要做的。

在开发一种长效制剂的创新产品的时候，由于这项技术具有独占性和保密性，在全球范围内，公开发表的文件、书籍及专利都找不到这一类技术的信息。而且无论是从工艺到设备，再到最终的产品，整个过程没有可参考的成熟的信息。这意味着，只能完全靠企业自己从零开始去研究工艺和开发设备。

制药行业有其独特性，在医药产品生产过程中，必须要满足验证需求。只有自动化和信息化程度都很高的生产线，才能更好地满足最终可验证的需求。

医药产品生产企业擅长对制药技术、工艺的研究，但通常不会去开发制造设备，此时就需要借助外部力量共同研发。绿叶制药的工程师根据工艺需求，绘制设备草图，提出设备的具体需求，设备供应商需要根据绿叶制药提出的需求和给出的草图开发制造出最终的制药设备，这需要经过相当长的一个过程。

寻找国外设备商通常需要18 ~ 24个月的时间，时间太久则无法满足企业对时间的要求。在国内寻找一个长期合作伙伴成为绿叶制药的一种选择——带有风险的选择。某公司具备较强的复杂设备制造能力，但工艺设计能力相对薄弱。绿叶制药派工程师到设备制造现场与合作伙伴公司组成项目团队，探讨在现有的设备和技术的基础上如何设计来满足需求。项目建设阶段，绿叶制药提供工艺流程框架，伙伴公司提供无菌保证细节设计方案，经过不断调整清洗路径、灭菌策略，既实现了全自动CIP/SIP，又节省了生产工时；在现场调试时，针对测试过程中遇到的问题，绿叶制药工程师与调试工程师通过不断调整程序及控制策略，对现场参数进行优化，最终所有问题均得到解决；在工艺转移阶段，为使设备更好地适应新工艺，针对在转移过程中遇到的产品生产工艺及关键工艺参数的稳定性等技术难题，项目团队对各设备模块实施软硬件改造，不断改善设备的自动化控制流程。整个项目历经近三年时间，双方在项目执行过程中充分信任、互相配合，利用各自优势，克服了众多技术难题，最终实现了产品在商业化生产车间成功落地。

该设备目前全球领先，已经开始商业化生产。第一种产品已经生产60多批，效果达到了设计目的，检测结果符合USP、EP、CHP标准，工艺设备符合cGMP要求，计划在2020年进入日本临床。

这样的合作是一种非常好的灰度创新模式。绿叶制药向外输出工艺参数和技术需求，伙伴公司利用设备开发制造的优势制造出高技术含量的非标工艺设备，而且周期大大缩短，仅用了一年时间，几乎是国外企业的一半时间，费用也大大降低。

优先保护产权也是一种常见的商业约束机制。在与国外合作的许多场合中，灰度创新需要一种明确的保护机制，双方需要识别是否可以成为合作伙伴。

为了不错过市场的窗口期，双方需要本着"求大同、存小异"的原则，优先确定关键事项。例如，第一步可以集中精力放在保密协议和图纸交换的保护机制上，第二步再落实合作协议。对于二者合作开发的专利，可以采用捆绑式的方式，双方都不能单独使用既有的专利，只有双方同时同意才能使用，这样就可以有效地将双方绑定在一起。

创新是一种连接

2003 年，加州大学伯克利分校亨利·切萨布鲁夫教授出版了《开放式创新：进行技术创新并从中赢利的新规则》，书中对研发的组织和管理进行了描述，鼓励企业进行双向技术呼唤。但由于话题范围过于"开放"，对制造业的特性并没有聚焦。而中国制造如何创新，多年来一直是我关注的一个话题，我希望能够从制造工厂的现场出发，探讨企业供应链之间及更高一层的整个产业生态所孕育的创新形式和机制。近年来参观了许多工厂，经常能感受到制造创新带来的惊喜，《灰度创新——无边界制造》一书算是对这些惊喜的一次集中回响。

这本书行业跨度很大，涉及电子、纺织服装、航空航天、机械、电气、能源与电力等数十个不同行业，引用了大量的案例并对这些案例进行了提炼和改编，引用书籍都尽量标明出处，如果有不太准确或未能标识清楚的地方，还请多多谅解。本书描述中国制造的案例，得到了许多国内企业提供的素材支撑，由于本书篇幅有限，还有很多优秀案例未能入选，期望以后可以收集到更多鲜活的素材。

本书成文过程中，得到许多人的热情帮助。首先感谢"上海四贤"，上海第二纺机股份有限公司原副总工周锦碚、上海工业自动化仪表研究院教授级高工彭瑜、上海科技情报研究所原副所长缪其浩、中微科技副总经理李天笑，他们渊博的知识、开放式的讨论和亦师亦友的关系，让我受益匪浅。非常中国化的德国菲尼克斯团队的总经理顾建党及战略部的曹黎女士，都给予了我很大的支持，非常有意思的是，当时参与灰度创新的团队，如今都仍然留在菲尼克斯，他们是时任项目负责人李平、工程师任华山、孙德刚等。国家电网高压部王绍武主任讲述的亲身经历，让我有一种身临其境的感受，当然忙碌是他另外一个扯不掉的标签，我们的交流经常要在晚上很晚的时候——那是他刚下班的时间。研华的刘克振董事长和蔡奇男总经理给予了丰富的案例题材，让我学习到很多。兮易强企董事长陈广乾给我带来很多思想的启迪，在企业担任高管多年后创业，他既是企业家也是一位睿智的学者。金风科技董事长武钢提供了很多想法和交流，让金风制造和德国设计的案例变得更加丰满。秦川集团原董事长龙兴元在我看来是一位智多星，在有明显行业波动周期的机床行业，秦川一直保持前列，委实不易。长胜科技董事长钟博文对待科技的痴迷，加上周锦碚前辈的博学，让我发现了纺织业的"脱胎换骨术"，虽历久而不衰。还要感谢绿叶制药薛云丽、海尔卡奥斯张维杰、天远工程机械韩晓明等。许多故事都需要穿越很深的隧道，才能接近行业的精髓。本书的写作过程对本人来说就是一次连接之旅，不断转换插头、不断充电。

同时感谢范青青女士对本书提供了很多有价值的帮助，她对工业的热情推动了我进一步探索工业体系的决心。电子工业出版社工业技术分社徐静分社长多年来一直给予我的作品很大的信任，编辑孙丽明的细心也使得本书增色很多，我的同事高静女士不厌其烦地一遍一遍修改校对，在此一并感谢。也感谢南山工业书院王天宇的大力支持，他帮着梳理本书的思维导图，给出了很多有意思的创意。还有很多人没有直接指出他们的名字，在此一并致谢。期望下一步，可以把《灰度创新——无边界制造》一书的原理和案例，用更多可视化的方式表达出来，启发企业家管理者实现更多的创新之举。

林雪萍

2020 年 8 月 1 日

反侵权盗版声明

电子工业出版社依法对本作品享有专有出版权。任何未经权利人书面许可，复制、销售或通过信息网络传播本作品的行为，歪曲、篡改、剽窃本作品的行为，均违反《中华人民共和国著作权法》，其行为人应承担相应的民事责任和行政责任，构成犯罪的，将被依法追究刑事责任。

为了维护市场秩序，保护权利人的合法权益，我社将依法查处和打击侵权盗版的单位和个人。欢迎社会各界人士积极举报侵权盗版行为，本社将奖励举报有功人员，并保证举报人的信息不被泄露。

举报电话：（010）88254396；（010）88258888

传　　真：（010）88254397

E-mail： dbqq@phei.com.cn

通信地址：北京市海淀区万寿路173信箱

　　　　　电子工业出版社总编办公室

邮　　编：100036